Blut-Rosen

Friedrich Wilhelm Fritzsche

Blut-Rosen

Sozial-politische Gedichte

Mit einer Einführung herausgegeben von
Armin Peter

Ein Projekt der Agentur am Aspersort
August-Krogmann-Straße 174, 22159 Hamburg
Telefon 040-64551454, E-Mail: peter-aspersort@t-online.de
www.agentur-aspersort.hamburg

© Armin Peter, 2021

Gestaltung und Satz:
Christian Wöhrl, Hoisdorf, feingedrucktes.de

Umschlagmotive:
vorn: Rose, Druckgrafik von Christian Wöhrl (Buchdruck, aquarelliert)
hinten: F. W. Fritzsche, Fotograf unbekannt, um 1865 / ED. Bernstein,
Berliner Arbeiter Bewegung 1907 (Quelle: wikimedia commons)
Abbildung Seite 2: August Bebel (links, sitzend) und Friedrich Wilhelm
Fritzsche während der Rede Otto von Bismarcks zum Sozialistengesetz im
Deutschen Reichstag (Holzschnitt nach einer Zeichnung von Georg Koch,
Quelle: wikimedia commons)

Bibliografische Information der Deutschen Nationalbibliothek:
Die Deutsche Nationalbibliothek verzeichnet diese Publikation
in der Deutschen Nationalbibliografie; detaillierte bibliografische
Daten sind im Internet über dnb.dnb.de abrufbar.

Herstellung und Verlag:
BoD – Books on Demand, Norderstedt.
ISBN: 9783755737896

Der Pionier seiner Partei als Poet –
zur Neuausgabe seiner Gedichte

Friedrich Wilhelm Fritzsche (1825-1905), der Mitbegründer der Sozialdemokratischen Partei Deutschlands und der Gewerkschaft Nahrung-Genuss-Gaststätten, einer der frühesten Gewerkschaften, hat auch als Lyriker mit dem Gestus einer starken Empörung in die Kämpfe seiner Zeit und seines Lebens einzugreifen versucht.

Mit lyrischen Mitteln erhebt die Arbeiterschaft einer nur in seltenen Fällen paternalistisch freundlichen Industriewelt ihre Stimme und konstituiert sich als leidendes und kämpfendes Ich. Was in Tausenden Flugblättern, Artikeln und zornigen Pamphleten geschrieben wurde, drückt sich in einer Poesie des Arbeitsalltags kraftvoll aus. Die Lyrik ist die Form des Ich-Sagens jenseits der Theorie und der politischen Programme. Und das Gedicht „Das Proletariat" – geschrieben auf den Tod Ferdinand Lassalles 1865 – ist nicht nur die Visitenkarte eines Arbeiterdichters. Es ist eine kraftvolle Stimme der sich formierenden Arbeiterbewegung, die sich der lyrischen Sprache bedient, um direkt zu den Herzen der Menschen der Zeit zu sprechen, zu Menschen, die eine viel höhere Empfänglichkeit für Gedichte hatten als heutzutage.

Es war Lassalles Vortrag „Arbeiterprogramm", der den Freunden Friedrich Wilhelm Fritzsche und Julius Vahlteich aus dem Leipziger Arbeiter-Bildungsverein zum Anlass wurde, 1863 die Gründungsversammlung des Allgemeinen Deutschen Arbeitervereins von dem berühmten „Offenen Antwortschreiben" begleiten zu lassen. In diesem Vortrag ging es um „die Erziehung und Entwicklung des Menschengeschlechts zur Freiheit" und darum, die „sittliche Glut dieses Gedankens zu entzünden". Es sind lyrische Bilder, die

Ferdinand Lassalle[1] beschwört, die der „Morgenröte" und des „Sonnenaufgangs": er sieht von der Warte der Wissenschaft den „Purpursaum", der den Horizont „rot und blutig" färbt. Nicht das Menschengeschlecht sieht Fr. W. Fritzsche, wenn er seine „sozial-politischen Gedichte" unter dem Titel „Blut-Rosen" sammelt, 1876 unter dem Pseudonym F. W. Dornbusch publiziert und sie in den Vereinigten Staaten 1890 in deutscher Sprache unter seinem Namen erneut erscheinen lässt. Er sieht die Menschen in den konkreten bedrückenden Verhältnissen ihrer Zeit. „Blut-Rosen" – wirkt der Titel auf uns heutige Leser nicht etwas arg expressiv? Wir kennen ihn von Unterhaltungsromanen oder aus der Kampagne des Volkes der Oromo, das in Äthiopien gewaltsam von seinem Land, auf dem jetzt Rosen für deutsche Billigangebote produziert werden, vertrieben wurde, oder Züchter sprechen von Blutrosen in der Farbmischung Rot auf Weiß, die ja etwas Märchenhaftes hat.

In Fritzsches Langgedicht „Mene Tekel" sind es die Rosen auf den Wangen eines toten Sechzehnjährigen, die „wie Purpur glühen", oder Rosen, die im Gesicht der trauernden Mutter „blühen", doch sind es „Rosen, die entkeimt der Not". Und im Gedicht „Das Grab am Birkenbaum" werden die titelgebenden Blut-Rosen von einem Bach zum Kranz gebunden auf dem „Wellengrab" eines Mädchens, das wegen einer Schwangerschaft in den Tod gegangen ist. Dass Fritzsche dieses so sentimental anmutende Bild der Rose (aber es ist auch ein Motiv Gottfried Benns und Berthold Brechts, Dichtern der Moderne) für seine politisch-sozialen Gedichte in ihrer Härte, ihrem historischen Naturalismus und ihrem Kampfgeist wählte, ist sein Appell an die Menschlichkeit, in dem er auch Ferdinand Lassalle folgt. Nicht nur Freunde der traditionellen oder modernen Lyrik werden bei manchen Versen Mühe haben, ihrer hohen und dramatischen Gestimmtheit zu folgen. Sie haben ihr historisches Gewicht: als Ausdruck der Ergriffenheit vor dem Elend der proletarischen

---

1   Ferdinand Lassalle, Arbeiterprogramm, Reclam Universal-Bibliothek Nr. 6048

Welt und der Hoffnung auf Besserung, die man nur „glühend" nennen kann.

Von den 600 so genannten Arbeiter-Dichtern, die die Literaturgeschichte im Zeitraum 1860-1914 kennt, wurde Rudolf Lavant aus dem Leipziger Arbeiter-Bildungsverein von Franz Mehring als der „Formvollendetste der frühen Periode"[2] bezeichnet, doch er glaubte, sich in seinem Gedicht „An unsere Gegner" für formale Unzulänglichkeiten entschuldigen zu müssen: „Ist es denn leicht nicht einzusehen, / dass wir aufs Kippen und aufs Wippen / der Silben schlecht nur uns verstehen? / Wir sind ästhetisch nicht erzogen..." Wer wolle denn den Tonfall ängstlich abwägen „beim Wort des Zorns und des Fluchs"? Die Verse der „Blut-Rosen" sind nicht immer geschmeidig, doch wuchtig sind sie stets.

Der Herausgeber des „Botschafters", der ersten deutschen Gewerkschaftszeitung (und des Ursprungsorgans der heutigen Gewerkschaft NGG) hat in seinen Gedichten Themen angesprochen, die seine Leserinnen und Leser in Form und Inhalt unmittelbar berühren sollten. Das Gedicht „Das Proletariat", sagt die Literaturhistorikerin Ursula Münchow, verlasse epigonale Bahnen und erweise seine Eigenständigkeit, indem es konkret von den Lebensverhältnissen der Arbeiter ausgehe[3]. Eine reich und vielfältig aufgefächerte Publizistik in der Gewerkschafts- und Parteipresse, in Arbeiterkalendern und satirischen Blättern wollte als Plattform der Aufklärung und Agitation auch mit Gedichten in ihrer populären Ausdrucksform bedient werden. Allein von 1870-74 wurden im noch jungen Deutschen Reich 40.000 Einzeldrucke von Gedichten gezählt.[4] Es wird die Geschichte von dem Schriftsetzer Max Kegel

---

2   Des Morgens erste Röte – Frühe sozialistische deutsche Literatur 1860-1918, Reclam, Leipzig 1982, S. 441, Anmerkungen zu den Autoren von Hans Heinrich Klatt; das Gedicht dort S. 5.

3   Ursula Münchow, Nachwort zu „Des Morgens erste Röte", a. a. O., S. 412.

4   Ursula Münchow, Arbeiterbewegung und Literatur 1860-1914, Aufbau-Verlag Berlin und Weimar 1981, S. 26

erzählt, der jeden Tag ein Gedicht schrieb und die Fähigkeit hatte, seine Verse ohne Manuskript in die Maschine zu setzen.[5] Fritzsche ist ein Lyriker, der seine Versformen in Ton und Rhythmus sehr sorgfältig an seine Themen und den Charakter seiner oft balladesken, häufig erzählerischen Gedichte anpasst. Der Vorwurf des „Fehlens aller Kunst", den Rudolf Lavant bei seinen Kritikern hörte, kann gegenüber Fritzsche nicht erhoben werden. Er beherrscht die klassischen Versmaße – vor allem den kämpferischen Trochäus mit seiner starken Betonung auf der ersten Silbe, den Wechsel zum lebendigeren Rhythmus des Jambus, der die zweite Silbe hebt, er wechselt im lyrischen Fluss seiner oft langen Gedichte geschmeidig die Silbenzahl. Und die Melodien von Daktylus und Anapäst komponiert er souverän, wobei er sich in den Reimen und Assonanzen manche originelle Extravaganz leistet (wie sie ja auch unsere modernen Lyriker, z. B. Durs Grünbein, lieben). Seine Gedichte lesend, tun wir gut daran, uns der rhythmischen Betonungen, die weitgehend den klassischen Mustern folgen, zu vergewissern, um uns leichter vom Fluss der oft auch reimlosen Verse tragen zu lassen. Ganz ohne Epigonentum geht es nicht: oft klingen Ferdinand Freiligrath und Heinrich Heine durch und gar nicht selten Goethe und Schiller (der vor allem mit seinem „Glocken"-Ton).

Der Zigarrenmacher Fritzsche ist ab Mitte der 1840er Jahre Wandergeselle gewesen, in der Schweiz, in Frankreich, in Italien. Er lernte utopische Frühsozialisten kennen, die literarisch sehr produktiv waren. Traditionelle Elemente der Handwerksgesellen-Lieder sind auch in Fritzsches Gedichten aufspürbar, wie wir sie auch aus der von Heinrich Kaufmann zusammengestellten Anthologie „Genossenschafts-Liederbuch"[6] kennen. Wahrscheinlich hat der Zigarrenmacher in seinen Wanderjahren auch die „socialen

---

5 Herbert Fuchs (Hg.), Wohlan, wer Recht und Wahrheit achtet ... Lieder der Arbeiterbewegung, Hamburg 2006, S. 34; von Max Kegel der „Sozialistenmarsch" 1890, die Parteihymne der SPD in der Weimarer Republik.

6 Hrsg. vom Adolph-von-Elm-Institut und der Heinrich-Kaufmann-Stiftung, Norderstedt 2011

Gedichte" gelesen, die in der „sozialistisch-poetischen Szene" des „buntscheckigen Haufens des Vormärz-Proletariats" im Schwange waren[7], vor allem bei Georg Weerth, den Friedrich Engels den „ersten und bedeutendsten Dichter des deutschen Proletariats" nannte (er war allerdings kein Handwerker, sondern ein abenteuerlicher Textilkaufmann). Für Engels war der Zusammenhang von Handwerksburschenliedern und einer Poesie des Proletariats, die schon Weerth im Enthusiasmus früher Streikbewegungen erkannte, offenbar.[8]

Für diese Ausgabe wurde der Text der Originalausgabe der 2. Auflage von 1890 mit freundlicher Unterstützung der Heinrich-Kaufmann-Stiftung sorgfältig transkribiert und moderat an die heutige Schreibweise angeglichen. Auf wenige Gedichte und einige Strophen in den Langdichten wurde verzichtet, und die oft strophenlosen Gedichte wurden durch Absätze gegliedert, um die Lesbarkeit zu erleichtern. Die Reihenfolge der Gedichte wurde leicht verändert. Es wurden einige Anmerkungen hinzugefügt, die dem historischen Verständnis dienen. Die Herausgabe der Gedichte ist eine private Initiative. Sie wurde angeregt durch Dr. Burchard Bösche, den 2019 verstorbenen Leiter der Heinrich-Kaufmann-Stiftung und des Hamburger Genossenschaftsmuseums. Die Neuausgabe ist ihm, dem inspirierenden Gewerkschafter, Genossenschafter und Sozialdemokraten, dankbar gewidmet. Die Biografie des Verfassers, geschrieben von den amerikanischen Verlegern (aber vermutlich von Fritzsche selbst), die ja mit dem Jahr 1890 endet, wurde bis zum Todesjahr ergänzt durch Informationen in der Biografie von Willy Buschak.[9]

---

7   Patrick Eiden-Offe, Die Poesie der Klasse – Romantischer Antikapitalismus und die Erfindung des Proletariats, Berlin 2017, Seite xxx?
8   Eiden-Offe, Seite 334
9   Willy Buschak, Friedrich Wilhelm Fritzsche 1825–1905 – Eine Biografie mit ausgewählten Reden und Schriften, Heinrich-Kaufmann-Stiftung, Norderstedt 2015. Eine vollständige überarbeitete und bedeutend erweiterte Ausgabe erschien 2016 als: Friedrich Wilhelm Fritzsche, Biografie eines deutschen

Ein starker didaktischer Charakter prägt die Gedichte. Eine Geschichte der Arme-Leute-Bewegung vom Reformations- bis zum Industriezeitalter in Versen – welch ein lyrisch-episches Programm! Viele Gedichte atmen den Geist des Arbeiter-Bildungsvereins. Infolge seiner prekären familiären und gesundheitlichen Lage und seiner frühen Arbeit als Zigarrenarbeiter auf den unteren Rängen dieser Kunst hat Fritzsche nur ein halbes Jahr lang eine Armenschule besucht. Was bedeutet das für einen Mann von hohem intellektuellen Potential, für den das Schreiben eine Berufung war (und auch dem stark sehbehinderten Autor nie lästig war: „es liegt halt in der Hand"[10])? Fritzsche ist der Prototyp eines bildungshungrigen Arbeiters mit höchster intrinsischer Lernmotivation, von dem sich unsere formale Bildungswelt kaum eine Vorstellung machen kann. Der autodidaktische Furor – der zeigen will, was er beherrscht und der nach einem Wort im „Stechlin" Theodor Fontanes „immer übertreibt" – zeigt sich in fast allen Gedichten, auch in den persönlichen lyrischen Zeugnissen von Liebe und Empfindung. Die klassische Mythenwelt, die politische Geschichte (man denke nur an die Schilderung der Bauernkriege im Gedicht „Ein Traum"), die Lesefrüchte einer begierigen Lektüre werden ausgestreut und mit dem aufklärerischen Impetus verbunden.

Die Arbeiterinnen und Arbeiter Deutschlands haben ihre Dichter geliebt. In dieser Liebe drückt sich auch der unterdrückte Bildungswille breiter Bevölkerungskreise aus. Wenn Fritzsche seinen Lebensabend nicht in Amerika hätte verbringen müssen, würde man seiner nicht nur als Mitgründer der sozialdemokratischen Partei und seiner Gewerkschaft gedenken, sondern – zumal in seiner prachtvollen Propheten-Gestalt – auch als Dichter der Arbeiterbewegung. Der Zigarrenmacher Julius Bruhns erzählt aus seiner Jugendzeit von der Beisetzung des frühverstorbenen Arbeiterdichters August Geib, dem Fritzsche freundschaftlich

---

Rebellen, in: Willy Buschak (Hg.): Solidarität im Wandel der Zeiten – 150 Jahre Gewerkschaften, Essen 2016, S. 51-196

10 ebda., S. 45.

verbunden war, von dem „unabsehbaren Trauergefolge" im Altona des Jahres 1879.[11]

Wenn Bundespräsident Frank-Walter Steinmeier die Porträts „30 mutiger Frauen und Männer" als „Wegbereiter der deutschen Demokratie"[12] vorstellt, dominieren wie selbstverständlich die Persönlichkeiten der bürgerlich-intellektuellen Szene, und auch die Revolutionäre der Tat sind oft literarisch verwurzelt. Aus der Arbeiterbewegung, die ja maßgeblich dazu beigetragen hat, das alles entscheidende demokratische freie Wahlrecht zu erkämpfen, ragen in dieser Präsentation nur August Bebel und Carl Legien hervor. In den Hunderten der im Register erwähnten Personen, die im Kampf um die Demokratie größere und kleinere Leuchtspuren hinterlassen haben, kein Wort von Friedrich-Wilhelm Fritzsche. Selbst im Zusammenhang mit Georg Herwegh, der von Ferdinand Lassalle beauftragt wurde, das berühmte „Bundeslied" für den Allgemeinen Deutchen Arbeiterverein zu schreiben (und der gewiss kein „Arbeiterdichter" war), wird Fritzsches Name nicht erwähnt. Ein kleiner Fehler ist zu korrigieren. Dabei ist das berühmte Wort „Alle Räder stehen still" nicht von größerem Gewicht als das selbstbewusst-trotzige Bekenntnis „Ich bin das Proletariat".

Jeder wird seine Favoriten unter den „Blut-Rosen" finden. Die Literaturhistorikerin Ursula Münchow[13] hält die folgenden Gedichte für die bedeutendsten (wobei die DDR-Perspektive eine Rolle spielt): An die Frauen (mit seiner eindringlichen Refrain-Technik); Das Proletariat; Der Tantalus des XIX. Jahrhunderts; Kapuziner-Predigt des Herrn Harkort; Nachruf an Ferdinand Freiligrath; Prolog zur Feier des 18. März; Reißt die Götter von den Thronen. Münchow würdigt auch den Prosa-Schriftsteller, der nicht nur für den „Botschafter"

---

11 „Es klingt im Sturm ein altes Lied! −" Aus der Jugendzeit der Sozialdemokratie, erzählt von Julius Bruhns, Berlin 1921

12 Frank-Walter Steinmeier (Hg.), Wegbereiter der deutschen Demokratie − 30 mutige Frauen und Männer 1789−1918, München 2021

13 Arbeiterbewegung und Literatur 1860−1914, Aufbau-Verlag Berlin und Weimar 1981, S. 95

sehr produktiv war. Er, August Geib, Wilhelm Hasenclever und Max Kegel seien die ersten Arbeiter gewesen, die über die Darstellung des Selbsterlebten hinausgehend auf der Grundlage ihrer Beobachtungen und Erfahrungen im Klassenkampf Geschichten erfunden haben, die die Bewusstseinsbildung förderten und auch als Schriftsteller ihr eigenständiges Profil gewannen.[14]

Das Gedicht, das vielleicht am weitesten entfernt steht von den Kämpfen des 19. Jahrhunderts, die der Autor durchlebt, ist wohl „Unendlichkeit des Lebens", das zur Feier des „Eigenseins" geschrieben ist. Und das ist letztlich auch dem in seine politisch-sozialen Kämpfe eingebundenen Lyriker die ursprüngliche Triebkraft seines Schaffens. Auch das historische Proletariat hat seine individuell-bürgerliche Seele.

Revolutionen werden in unseren Breiten- und Zeitengraden heute nicht mehr beschworen. Für die Person Friedrich Wilhelm Fritzsches, der ein Lehrer der Arbeiterschaft war, mag gelten, was Friedrich Wilhelm Nietzsche, der ja wie Fritzsche in seinem amerikanischen Kampfblatt „Hammer" auch mit dem Hammer philosophierte, über den Mitleidsethiker Arthur Schopenhauer in einem Vierzeiler sagte: „Was er lehrte, ist abgetan, was er lebte, wird bleiben stahn. Seht ihn nur an! Niemandem war er untertan."

Armin Peter

---

14 A. a. O., Seite 25

Blut-Rosen.

Sozial-politische Gedichte

von

F. W. Fritzsche.

Zweite vermehrte Auflage.

Baltimore, Ma.
Druck und Verlag von G.W. Kern & Co., 12 R. Holliday St.
1890.

Biographie des Verfassers
(aus der Originalausgabe von 1890)

Es wird den Lesern dieser Dichtungen gewiss von einigem Interesse sein, etwas aus dem Lebenslauf des Verfassers derselben zu erfahren. F. W. Fritzsche wurde geboren den 27. März 1825 zu Leipzig. Eine langwierige Krankheit, die für mehrere Jahre seine Unterbringung im „St. Jakobs-Hospitale" daselbst notwendig machte, war auch die Veranlassung, dass er nur ein halbes Jahr lang die Schule besuchen konnte. Im Alter von 14 ½ Jahren wurde er zu Michaeli 1839 in die Armenschule aufgenommen und schon zu Ostern 1840 zur Konfirmation zugelassen. Sein Wunsch war, Buchdrucker oder Schreiner zu werden. Da aber seine Mutter zu arm war, als dass sie seine Unterstützung hätte entbehren können (einen gesetzlich für seine Erziehung verpflichteten Vater hatte er nie gehabt), musste er das Zigarrenmachen erlernen. Schon im Alter von neun Jahren hatte er in der Zigarrenfabrik arbeiten müssen, und dies war der Grund, warum er dies Geschäft als Beruf wählen musste.

Nach dem Tode seiner Mutter bereiste Fritzsche als Zigarrenarbeiter Deutschland, die Schweiz, Frankreich und Italien. In Biel, Kanton Bern, arbeitete er längere Zeit bei dem daselbst als Flüchtling lebenden Johann Philipp Becker, dem die sozialdemokratischen Arbeiter als einem ihrer treuesten Vorkämpfer ein Denkmal errichtet. Durch einen Reisekollegen wurde F. in die Prinzipien des Kommunismus eingeweiht (siehe „Der arme Konrad" – Kalender der sozialdemokratischen Partei 1877 und 1878) und beteiligte sich an der kommunistischen Bewegung der Schweiz.

1848 kämpfte er unter v. d. Tann, späterem General der bayerischen Armee, in Schleswig-Holstein als Freischärler und wurde bei

Hoptrup leicht verwundet. 1849 kämpfte er während der Maiereignisse in Dresden und wurde daselbst an der ersten Barrikade in der Schlossgasse gefangen genommen. Drei Tage lang musste er die Tortur in der Frauenkirche daselbst ertragen, worauf er fünf Wochen im Gewandhaus inhaftiert war und dann mit Ketten beladen und unter militärischer Eskorte nach Leipzig abgeführt wurde. Seine Gefangenschaft dauerte ein volles Jahr, nach welcher Zeit die Untersuchung gegen ihn niedergeschlagen wurde. Kein Fabrikant wollte den Aufwiegler in Arbeit nehmen, der als Mitglied der Arbeiter-Verbrüderung (der ersten sozialistisch angehauchten Arbeiter-Vereinigung Deutschlands) für die Interessen der Mitarbeiter eingestanden war. Dies zwang ihn, abermals den Wanderstab zu ergreifen. Zu Frankenberg in Sachsen erhielt er eine Vormannsstelle, und dort lernte er seine Gattin kennen, mit der er über 38 Jahre friedlich und ehelich glücklich gelebt.

Die Reaktionsperiode in Deutschland zwang F. zur politischen Untätigkeit. Erst als die Leipziger Arbeiter zusammentraten, um einen Arbeiter-Fortbildungsverein zu gründen, beteiligte er sich wieder an öffentlichen Angelegenheiten. Zu jener Zeit hielt er auch eine Ansprache an die Mitglieder der Zigarrenarbeiter-Krankenkasse, in der er auf die Notwendigkeit einer Gewerkschafts-Bewegung verwies. In scharfen Umrissen zeichnete er die Grundzüge eines allgemeinen, zentralisierten, nationalen Tabakarbeiter-Vereins. Im Leipziger Fortbildungs-Verein waren Fritzsche, Prof. Roßmäßler, Dr. Dammer, Dr. Schildbach und Andere der Sauerteig, der eine Spaltung verursachte, die zur Gründung eines neuen Bildungsvereines mit politischen Tendenzen, des Vereins „Vorwärts", führte. Dieser Verein war die eigentliche Wiege der heutigen sozialistischen Bewegung. Die Mitglieder Schuhmacher Julius Vahlteich, Zigarrenmacher Louis Dörfel, die Buchbinder Taute und Riederlein und Fritzsche kamen wöchentlich in der Wohnung des Dr. Dammer zusammen. Die Unterhaltungen betrafen zumeist allgemeine Arbeiter-Angelegenheiten; auch wurde Weitling's „Garantie der Harmonie und Freiheit" einer gründlichen Erörterung unterzogen.

In einer von Mitgliedern des Bildungs-Vereins „Vorwärts" einberufenen Volks-Versammlung wurden Vahlteich und Fritzsche als Delegaten der Leipziger Arbeiter an die Fortschrittspartei in Berlin gewählt. Ihre Mission, das Zentral-Wahlkomitee dieser Partei zu bewegen, den Arbeitern die Mitgliedschaft in den damaligen Nationalverein zu ermöglichen, scheiterte zwar, doch war sie von großer Bedeutung für die Arbeitersache, denn diese beiden Delegaten hatten einsehen gelernt, dass die Arbeiter von einer Partei, welche nicht gesonnen war, sie durch Erkämpfung des allgemeinen gleichen direkten Wahlrechts politisch zu emanzipieren, kein Heil in wirtschaftlicher Beziehung zu erwarten hatten.

Schon damals, im Winter 1862 auf '63, suchte diese Delegation mit Ferdinand Lassalle, der durch seine Vorträge[1] ihre Aufmerksamkeit auf sich gelenkt hatte, in Verbindung zu treten. Leider war zur selben Zeit Lassalle's Vater gestorben, zu dessen Begräbnis er nach Breslau gereist war. Den Delegaten hatte sich trotzdem die Überzeugung aufgedrängt, dass nur dieser Mann fähig sei, die Arbeiter aus ihrem Schlafe aufzurütteln und deren Führer zu sein.

Nach Leipzig zurückgekehrt, statteten sie in einer Arbeiter-Versammlung über ihre Mission Bericht ab. Kurze Zeit darauf schrieben Dr. Otto Dammer, Vahlteich und Fritzsche an Lassalle, um ihn zu veranlassen, für die Rechte der Arbeiter öffentlich aufzutreten. Auf Lassalle's Rat erfolgte dann eine diesbezügliche offiziell Anfrage des Leipziger Central-Comites zur Berufung eines allgemeinen deutschen Arbeiter-Congresses, deren Beantwortung Lassalle in dem „Offenen Antwortschreiben" gab. Diesem aber folgte alsdann zu Pfingsten 1863 die Gründung des „Allgemeinen Deutschen Arbeitervereins", d. i. der jetzigen sozialdemokratischen Partei.

Die Leipziger Polizei hatte während der Reaktionszeit die bei den Zigarrenarbeitern bestehende Reiseunterstützungs-Kasse ebenso oft verboten, als dieselben eine solche, trotz der Verbote,

---

1   „Über Verfassungswesen", „Was nun?" und „Über den besonderen Zusammenhang der gegenwärtigen Geschichtsperiode mit der Idee des Arbeiterstandes" (jetzt unter dem Titel „Arbeiterprogramm" bekannt)

immer wieder neu gründeten. Diesen Auflösungen zu begegnen, gründete F. 1864 den Leipziger Zigarrenmacher-Bildungsverein. Dieser Bildungsverein sollte die Wiege der deutschen Gewerkschafts-Bewegung werden, wie der Bildungsverein „Vorwärts" es in Bezug auf die sozialistische Partei geworden war. Fritzsche entwarf nun die Konstitution eines „Allgemeinen Deutschen Tabakarbeiter-Vereins" für den 1865 zur Gründung eines solchen in Leipzig tagenden Zigarrenarbeiter-Kongress. Auch veranlasste er denselben zur Herausgabe eines eigenen Organs, „Der Botschafter", und wurde zum Geschäftsleiter des neubegründeten Vereins und zum Redakteur des „Botschafter" gewählt. In dieser Stellung verblieb er, stets wieder erwählt, bis zu dem auf Grund des Sozialistengesetzes erfolgten Verbot des Vereins durch die preußische Polizei und resp. Unterdrückung des „Botschafters". Dieses Gewerkschaftsorgan erhielt durch F. die ausgesprochene Tendenz, zunächst die Tabakarbeiter und später die deutschen Gewerkschaften, welche sich den Allgemeinen Deutschen Tabakarbeiter-Verein zum Muster genommen, in die sozialistische Strömung zu leiten. Nachdem es ihm gelungen war, den Präsidenten des letzteren Vereins, F. B. v. Schweitzer, von der Notwendigkeit und Zweckmäßigkeit der von Sozialisten geleiteten Gewerkschaften zu überzeugen, setzten beide auf der Generalversammlung des „Allgemeinen Deutschen Arbeiter-Vereins" zu Hamburg es durch, dass diese die Genannten beauftragte, einen Arbeiter-Kongress zur Gründung von Gewerkschaften und eines Gewerkschafts-Verbandes nach Berlin einzuberufen. Dieser fand statt in 1868. Trotz der eifrigsten Anstrengungen der Fortschrittler behielten die gegründeten Gewerkschaften mit sozialistischen Tendenzen die Oberhand. Die sogenannten fortschrittlichen, eigentlich konservativen, Gewerkschaften sind schließlich an Marasmus verendet, während die sozialistischen Gewerkschaften nach jeder polizeilichen Auflösung verjüngt und neu gekräftigt wieder auflebten und die Avantgarde der sozialdemokratischen Partei Deutschlands bildeten.

Im Jahre 1864, nach Lassalle's Tode, war F. einige Zeit Vize-Präsident des „Allg. Deutschen Arbeitervereins." 1867 wurde er im

Leipziger Landkreis und in Glauchau—Meerane als Kandidat für den Norddeutschen Reichstag aufgestellt, unterlag jedoch in beiden Kreisen. Erst 1868 wurde er im Kreise Lennep-Mettmann, an Stelle des zurückgetretenen sozialistischen Abgeordneten Dr. Reinicke, in dieses Parlament gewählt. Sein Gegenkandidat war Schulze-Delitzsch. Bei Gelegenheit der Beratung der Gewerbeverordnung stellte F. gemeinschaftlich mit J. B. v. Schweitzer und Hasenclever Anträge zum Schutze der Arbeiter, und im darauffolgenden Jahre, bei Beratung des Strafgesetzbuches, stellte er ohne Unterstützung der Genannten den Antrag, den Eidzwang dadurch zu beseitigen, dass die Bestätigung durch „Ja" vor Gericht dem Eid gleichberechtigt werde. Selbstverständlich wurden alle diese Anträge, mit einer einzigen Ausnahme abgelehnt. Diese Ausnahme ist die Vorschrift der Gewerbeverordnung, dass die Liste der in den Fabriken arbeitenden Kinder, mit Angabe des Alters u.s.w. an einer, jedem in der Fabrik Anwesenden zugänglichen Stelle angebracht werden muss.

1877 wurde F. im vierten Berliner Wahlkreis gewählt. Ein in dieser Zeit von ihm angefertigter Entwurf zu einem Arbeiter-Schutzgesetz wurde von der sozialdemokratischen Fraktion, nach eingehender Beratung, angenommen und im Reichstage eingereicht.

Bei seiner letzten Wahl für die Periode 1878 bis '81, welche am Tage vor der Hinrichtung des angeblichen Attentäters Hödel stattfand, den man bekanntlich der Sozialdemokratie an die Rockschöße zu hängen versuchte, erhielt F. über 22,000 Stimmen: das war die Antwort welche die Berliner Arbeiter auf die Verleumdung der Sozialdemokratie durch die Regierung dieser Regierung in's Antlitz schleuderten und welche den „Heldenkaiser" und Mörder vom Rastatt empfindlicher traf, als die Schrotkörner des Attentäters Nobeling.

Nachdem F. 1881 gemeinsam mit Biereck, im Auftrage der Sozialistischen Arbeiterpartei Deutschlands, die Ver. Staaten von Nordamerika bereist, um die Unterstützung der amerikanischen Partei für erstere zu fördern, wanderte er mit Familie aus dem alten

Vaterlande aus, um sein bewegtes Leben in diesem Lande beschließen zu können.

(Biografische Ergänzung bis zum Tod: In den USA schlug die Familie Fritzsche ihre Zelte zunächst in Philadelphia auf. In der Collowhill Street betrieb F. eine kleine Bierwirtschaft, die gerade einmal 12 Personen Platz bot. An der Wand hatte er, auch zur Verhöhnung der Agenten der Preußischen Polizei, die ihn selber hier von Zeit zu Zeit aufsuchten, sein Ausweisungsdekret aus Berlin aufgehängt. Mit anderen versuchte F., die deutsche Gewerkschaftsbewegung in Philadelphia voranzubringen. Er wurde Organisator der „Vereinigten deutschen Gewerkschaften Philadelphia" und gab eine kleine Zeitschrift mit dem Namen ‚Der Hammer' heraus. Mit seinen alten Genossen blieb F. weiterhin in Verbindung. Er hatte den ‚Sozialdemokrat' abonniert, bestellte des Öfteren Broschüren in Zürich und sammelte unter den deutschstämmigen Arbeitern Philadelphias für die Sozialdemokratische Partei. Nach einem Zwischenspiel in einer Zigarrenfabrik in Hagerstown arbeitete F. aktiv in der Gewerkschaftsbewegung Philadelphias und in der Sozialistischen Arbeiterpartei Nordamerikas. Anfang der 90er Jahre zog F. nach Baltimore, wo er – zum zweiten Mal – ein eigenes Bildungsheim der Arbeiterbewegung ins Leben rief. Ende der 90er Jahre lebte er wieder in Philadelphia. Die deutschen Gewerkschaften setzten ihm eine monatliche Rente von 20 Dollar aus, und er, der Hochbelesene, verwaltete die Bibliothek. Am 5. Februar 1905 starb F. W. Fritzsche in Baltimore.)

Das Gedicht „Die Proletarierin" entstand im Jahre 1852, als F. in Waldheim arbeitete, wo sich das königl. sächsische Zuchthaus befindet, in welchem damals die besiegten Freiheitskämpfer von 1849 schmachteten. 1864 verfasste er „Das Proletariat"; „Die Kapuzinerpredigt" bei Gelegenheit des Strikes der Kohlengräber im Dortmunder Kreise in den 70er Jahren und „Der Bergmann" nach dem schrecklichen Grubenunglück im Plauen'schen Grunde. Der erste Auflage der Gedichte, 2000 Exemplare, angeblich in Zürich gedruckt, erschien unter dem Pseudonym F. W. Dornbusch und wurde verboten, als das letzte Exemplar von der Polizei bei einer

Druckerfirma, welche F. veranlassen wollte, eine zweite Auflage zu veranstalten, beschlagnahmt wurde. F. schrieb ferner: „Die soziale Selbsthülfe"; „Die besiegte Revolution", eine Novelle; „Lock out," ein Weihnachtsbild; „Freeheart," ein Märchen; „Weihnachtsbilder aus dem Leben eines Arbeiters" usw. Zur Veröffentlichung der Dichtungen wurde er von dem leider so früh verstorbenen A. Geib gedrängt, dem Fritzsche ein stetes, treues Andenken bewahrt.

Die Verleger.

Blut=Rosen.

Freiheitsdrang

Gebiete nur, Despot, der Lerche, sie soll singen
Empfindsam, liebegirrend gleich der Nachtigall;
Sie lässt, trotz alledem, ihr Freiheitslied erklingen,
Frisch, frohgemutet, frei, mit lautem Jubelschall.
Sperr' in den Käfig sie, raub' ihr der Augen Licht,
D i e Sängerin beugt ew'ge Nacht und Kerker nicht;
Sie schmettert kräft'ger nur in's Herz dir hinein
Der Freiheit Sang, dass dir erzittern Mark und Bein.[2]

---

2 Die Verse sind im Original ein Motto-Gedicht auf dem Frontispiz-Blatt, typo-
graphisch abgesetzt.

Unendlichkeit des Lebens

Ich bin ein Teil vom ew'gen Weltenall –
Wie mich erhebt der herrliche Gedanke;
Das Wort „Ich bin", es ist kein leerer Schall:
Mein Eigensein ist ohne jede Schranke.
Ich war, schon ehe ich vom Weib geboren;
Ich werde sein, nie geht mein Sein verloren.

Im Kreiseslauf des Lebens ist mein Ich,
Nur ein Symptom des ew'gen Weltenlebens,
Und doch, mit welchem Glück erfüllt es mich,
Dass lebe ich, und lebe nicht vergebens;
Denn Alles, was da lebt, das dient dem Streben,
Vollkommen zu gestalten dieses Leben.

Die Wandlung, die mein Leib und Geist vollzieht,
Ein ewig Leben ist's, ein stetig Sterben,
Vom Herz und Allem, was im Herzen glüht,
Sind Mutter Erde und die Menschheit Erben;
Nicht ist der Tod des Menschenlebens Ende,
Umschaffend ist er nur, des Lebens Wende.

Zuversicht

Trauert nicht, ihr wackern Kämpen
Für der Liebe Weltenreich,
Wenn des Schicksals Hand gebrochen
Eure Hoffnung, Zweig um Zweig;
Möge das Geschick auch stürmen
Wie es mag, verzaget nicht;
Mag es Hindernisse türmen,
Schaut voraus mit Zuversicht.

Mög' es schmieden neue Ketten,
Zimmern an der Arbeit Joch,
Fester, unbeugsamer Wille
Bricht sie alle, alle doch.
Ohne Anfang, ohne Ende
Fließet hin der Strom der Zeit;
Endlos rollt er Wog' auf Woge
In das Meer der Ewigkeit.

Alles stirbt und neues Leben
Blüht aus dem Vergang'nen auf,
Tod ist Leben, Leben Sterben,
Alles lebt im Kreiseslauf.
So auch sprosst aus Unterdrückung
Einst der Freiheit gold'ner Baum;
Einst wird Wahrheit, einst wird Leben,
Was heut Wunsch ist nur und Traum.

An die Frauen.

Auf, ihr Frauen, helft uns bauen
An der Liebe Weltenreich,
Es zu krönen; aus den Söhnen
Zieht uns Männer, Helden gleich!
Wenn ihr nach des Tages Mühen, nach dem Sklavendienst um Brot,
An der Wiege eures Kindes weint ob seiner bittern Not,
Sich das Schlummerlied in Schluchzen und in Jammern aufgelöst,
Wenn ihr mit der Milch die Träne eurem Kinde eingeflößt,
Denkt, es ist an euren Leiden eurer Männer Feigheit schuld;
Darum lehret eure Knaben nicht Ergebung und Geduld,
Lehrt sie den Gefahren trotzen, füllt ihr Herz mit Heldenmut,
Gießet Hass in ihre Seele gegen die Tyrannenbrut!
Auf, ihr Frauen, helft usw.

Nicht mit weichen Schmeichelliedern singet in den Schlaf sie ein,
Singt, wie sich die Unterdrückten aus dem Sklavenjoch befrein;
Nicht Legenden frommer Dulder flüstert leise in ihr Ohr,
An Rebellen-Heldensagen ranke sich ihr Geist empor;
Nicht Gebete lehrt sie stammeln, die umnachten die Vernunft,
Lehrt sie nicht den Nacken beugen, dem Gebot der Pfaffenzunft,
Sinn für Wahrheit, Recht und Tugend, Mannesstolz impft ihnen ein,
Lehret sie, als treue Kämpen sich dem Dienst der Freiheit weihn.
Auf, ihr Frauen, helft usw.

An der Hand der Weltgeschichte, die da trieft von Menschenblut,
Zeiget, dass den Unterdrückten fehlte jener Todesmut,
Der das Leben lässt verachten, wenn es Sklavenfesseln trägt,
Der selbst Weib und Kind als Opfer auf der Freiheit Altar legt:
Wie ein Brutus seine Söhne selbst dem Sühnetode weiht,
Wie der Gracchen edle Mutter stolz erträgt ihr Herzeleid,
Wie ein Winkelried die Speere in die treue Brust sich drückt,
Wie der Kämpe der Kommune stolz dem Tod in's Auge blickt.
Auf, ihr Frauen, helft usw.

Führt sie an die Prachtpaläste, wo der faule Schlemmer ruht,
Sagt; der Mörtel, der die Mauern bindet, ist der Armen Blut,
Wie der Geier dem Prometheus täglich neu zerfleischt die Brust,
Wühlt im Eingeweid' des Volkes Wuchergier mit frecher Lust;
Sagt, dass das Gestirn des Tages blutigrot der Nacht entsteigt,
Dass das Rot der Bruderliebe uns den Weg zur Freiheit zeigt,
Sagt, dass ihr, die Priesterinnen heil'ger Liebe, nicht erschreckt,
Wenn der Weg zum Reich der Liebe sich mit Blut und Leichen deckt.
Auf, ihr Frauen, helft usw.

Hört ihr's rauschen in den Lüften, über euren Häuptern ziehn?
Seht ihr, wie der Berge Gipfel blutigrote Flammen sprühn?
Fühlt ihr eure Brust durchzittern Wehen voller Lust und Schmerz,
Die mit ahnungsvollem Hoffen füllen euer Mutterherz?
Glaubt's, es sind die Frühlingsboten einer neuen goldnen Zeit,
Ihr die Stätte zu bereiten, auserkürt ihr Frauen seid.
Lasst uns nicht vergeblich hoffen, denkt an eure Mutterpflicht,
Lasst euch von der Liebe leiten, holde Frauen, zaudert nicht!
      Auf, ihr Frauen, helft uns bauen
      An der Liebe Weltenreich,
      Es zu krönen: aus den Söhnen
      Zieht uns Männer, Helden gleich!

Mein Weib

Ich liebte dich!
Nein, nein, ich liebe dich, die mir entrissen;
Vergang'ne Liebe kennt mein Herz ja nicht.
Ich fühlte Liebe, ohne es zu ahnen,
Zu dir, eh' dich sah, mein Augenlicht.
Du warst das Weib, nach dem mein Herz sich sehnte.
Das Ideal, das meine Seele schuf.
Die Lieb' zu dir, sie ward mit mir geboren,
Und über's Grab hinaus ertönt mein Ruf:
Ich liebe dich!
Ich ehre dich!

Dich ehrt dein stillbeglückend, häuslich Walten;
Dich ehrt die Treue, die du mir geweiht;
Der Mut, mit dem du stets zu mir gehalten,
In bittrer Not und fährnisreicher Zeit.
Wenn ich verkannt, verlassen stand von Allen,
Wenn mich zu Boden drückte schier die Last,
Floh ich zu dir, du Weib, so stark im Dulden;
An deinem Herzen fand ich Ruh' und Kraft.
Ich ehre dich!
Ich liebe dich!
Du folgtest mir als von der Heimat Scholle
In's Elend trieb mich Willkür, Acht und Bann;
Wie wenig ist's, dass ich dir Achtung zolle
Für All, was nimmer ich vergelten kann.
Kein Denkmal schmückt den kleinen, grünen Hügel,
Der so viel Liebe deckt zur ew'gen Ruh;
Doch ist mein Herz dein Denkmal, das verkündet,
So lang es schlägt, wie treu im Leben du.
Ich liebe dich!

Das Grab am Birkenbaum.

In jugendlichem kecken Muth vom Fels ein Bächlein stürzt,
Wo duftiges Vergissmeinnicht die Abendlüfte würzt;
Das Bächlein rauscht voll Liebeslust ein süßes Minnelied,
Wirft küssend sich an Blümleins Brust, das ihm entgegen blüht.

Im tiefen Talesgrund steht ein schlanker Birkenbaum,
In tränenreichem Schmerze beugt er sich zum Wiesensaum,
Die Nachtigall im Hagedorn singt Liebeslust und Pein,
Auf Moos und Stein ruht feierlich der bleiche Mondenschein.

Dem Bach wird es so ernst und bang, er wogt zum Birkenbaum
Und lauscht der Nachtigall Gesang von kurzem Liebestraum,
Den einst geträumt ein herzig Kind an seines Buhlen Brust,
Wie es in Lieb' sich ihm ergab, wie es gebüßt die Lust.

Die Maid stand an der Wiese Rain und schaut' gedankenvoll
Und trüb in's leere Blau hinein; aus ihrem Herzen quoll
Ein Lied voll Sehnsucht nach dem Schatz, der Treue ihr verhieß;
Das arme Herz fand nimmer Ruh' seit sie er jüngst verließ.

Bin ich auch arm, so sang sie leis, und du ein Herrensohn,
Doch gab ich dir den höchsten Preis als süßen Minnelohn;
Die Fürstin hab' kein höher Gut für Lieb' zu bieten dir,
So schworst du in der Liebe Glut und – lohnst mit Schande mir.

Des alten Vaters Silberhaupt stürzt meine Schand' in's Grab,
Auch mein herzliebes Mütterchen sinkt in die Gruft hinab,
Wenn als Bastard die Welt erblickt das Blut von ihrem Blut,
Das mir, als Gold für Minneglück, nun unter'm Herzen ruht.

Das Mädchen kniet in stiller Nacht am grünen Uferrand,
Ihr Auge ruht mit irrem Blick auf ihrer blut'gen Hand;
Da scheucht der Nachtigall Gesang sie aus dem wüsten Traum,
Sie lehnt das kummervolle Haupt leis an den Birkenbaum.

Die Birke weint; die Nachtigall singt: „Schlaf' in sanfter Ruh'!
Du süßes Kind, der Bach deckt dich mit seinen Wellen zu,
Blutrosen windet er zum Kranz, zum Schmuck für's Wellengrab."
Das Mädchen voller Todesweh schaut in den Bach hinab.

Ein Kreuz am Birkenbaum nun steht, auf eingesunk'nem Grab,
D'rauf steht der Spruch: Man senkt zur Ruh' ein Mädchen hier hinab,
Das ruhen wollt' am Bachesrand, am schlanken Birkenbaum,
Kaum siebzehn Lenze zählte es.   Das Leben ist ein Traum.

Verstummt ist längst im Hagedorn das Nachtigallenlied,
Und durch den stillen Talesgrund der Bach gar trübe zieht,
Denkt an die Blume, jung und zart, im Mondendämmerlicht,
Mit dem er buhlte, bis es brach und seufzt: Vergissmeinnicht!

Mein Vaterland

Oh Heimat, süße Heimat, oft besungen,
Auch mir bot einst die Heimat reinstes Glück –
Oft ist im Herzen mir der Wunsch erklungen:
Zu jener Stätte kehre doch zurück,
Wo deiner Kindheit Wiege einst gestanden,
Wo süßer Muttermund dir sang
Das Schlummerlied, das, ob auch unverstanden,
Doch gar so lieb und traut in's Herz dir drang.

Jetzt trennt ein Meer mich von der Heimat Boden,
Doch wehret mir das Meer, die Ferne nicht,
Zu folgen dem, was Sehnsucht mir geboten:
„Du darfst es nicht, ob auch das Herz dir bricht!"
So sprach der Bann, der mir die Heimat raubte,
mich mitleidsbar in's Elend stieß,[3]
Weil ich an Bruderlieb' und Gleichheit glaubte,
Den Kampf um Gleichheit, Recht und Freiheit pries.

Zerrissen ist das Band, das mich gekettet
Mit treuer Liebe an das Vaterland,
Hab' mir ein neues Vaterland gerettet,
Die weite Welt ist nun mein Vaterland.
Kein Völkerhass hat Raum in meinem Herzen,
Kein Rassenhass erfüllt die Brust,
Verwunden habe ich des Heimwehs Schmerzen
Und neu erwacht die alte Lebenslust.

---

3   Zur Zeit, als die alte Reichsacht noch in Deutschland bestand, sagte man von
    Einem, der in die Verbannung getrieben worden war, er sei in's „Elend"
    getrieben.

Dies Vaterland kann keine Macht mir nehmen,
Alldort wo eines Menschen Wiege stand,
Ist meine Heimat jetzt; kein bloßes Schemen
Ist mir die Welt, mein herrlich Vaterland.
Und alle Menschen sind mir Schwestern Brüder –
Ihr Wohl, mein Wohl. – Mit Leidenschaft
Lieb jetzt ich Vaterland und Heimat wieder,
Und meine unbegrenzte Landsmannschaft.

Nachruf an Ferdinand Freiligrath

Einst hast du uns, Barde, die Freiheit gesungen
Mit markigen, wuchtigen Worten in's Herz;
Jetzt ist deine eiserne Leier verklungen,
Für uns, die Rebellen, schlägt nicht mehr dein Herz;
Einst ließest du Tote zu Lebenden sprechen
Und riefst uns, zu brechen mit Eisen die Not,
Am Thron die gemordeten Brüder zu rächen –
Jetzt bist du geschieden, der längst für uns tot.

Jetzt könnten zum Toten die Lebenden sprechen:
Du hast uns verkauft für ein Linsengericht,
Und über dir könnten den Stab sie jetzt brechen,
Und doch tun die Söhne der Arbeit es nicht.
Sie danken dir, Sänger, die herrlichen Lieder,
Für diese verzeihen sie selbst den Verrat –[4]
O kehrte noch einmal ein Sänger uns wieder,
Ein Sänger wie Ferdinand Freiligrath!

---

4   Das Wort bezieht sich darauf, dass der bewunderte, polizeilich verfolgte und
    oft ins Exil getriebene politische Dichter F. (1810–1876) in den letzten Jahren
    seines Lebens ein Hurra-Patriot geworden war, der den Krieg gegen Frank-
    reich und die Gründung des Deutschen Reichs feierte.

Hoch lebe die Kommune.

Melodie: Des Königs Grenadiere.

Kaum dämmert der Morgen mit blutigem Schein,
Vergoldend die Zinnen der Stadt;
Am Strande der Seine, wo mächtig pulsiert
Der Herzschlag der Freiheit, da hat
Mit grollendem Donner aus ehr'nem Geschoss
Verkündet den Schläfern; es nahet der Tross
Der Söldner, die gedungen sind,
Zu schonen nicht Mann, Weib und Kind,
Zu stürzen die Kommune.
Auf! auf! ihr Proletarier auf,
Es lebe die Kommune!

Die Träne im Auge, doch lächelnden Blicks,
Umgürtet die liebende Braut
Den Mann ihrer Wahl mit dem blitzenden Schwert,
Und als sie in's Auge ihm schaut',
Da ruft sie erfüllet mit Stolz und mit Mut;
Ich weihe der Freiheit dein teueres Blut!
Zieh' hin zum Streite für das Recht,
Kehr' heim als Sieger vom Gefecht,
Als braver Kämpe der Kommune!
Und fällst du, sei dein letzter Ruf:
Es lebe die Kommune!

Wild pfeifen die Kugeln zum blutigen Tanz,
Wild lodern mit furchtbarerer Pracht
Die Flammen des Louvre zum Himmel empor,
Erhellen zum Tage die Nacht;
Der Tod hält die Ernte mit grimmiger Lust.
Den Schädel gespalten, zerrissen die Brust
Von Feindeskugeln liegen dort
Die Streiter für der Freiheit Hort,
Die Helden der Kommune.
Ihr letzter Odem ist ein Fluch
Den Mördern der Kommune.

Der Jüngling zum Kampfe bewehrt von der Braut,
Wie steht der so wacker im Streit,
Wie blitzt doch sein Schwert auf die Feinde hinab,
Hat Tote an Tote gereiht.
Da trifft ihn der tödliche feindliche Stahl.
Gebrochen das Auge, die Wange so fahl,
So richtet sterbend er sich auf
Und küssend seines Schwertes Knauf
Ruft er: Hoch die Kommune!
Und unsre Herzen stimmen ein:
Hoch lebe die Kommune!

Das Proletariat.

Hohläugig, gramdurchfurcht die Wangen
Und bleich, die Blöße kaum verhüllt,
Kommt schleichend es daher gegangen,
Und wer es sieht, des Herz erfüllt
Ein furchtbar, namenloses Bangen.
Wer, grausiges Phantom, bist du?
Dein Odem schnürt die Gruft mir zu.
Steh' Rede! Was ist dein Verlangen? –
Da hält es ein auf seinem Pfad:
„Ich bin das Proletariat!"

So dumpf und hohl mit leisem Stöhnen
Keucht bang das schreckliche Gebild;
Doch bald, gleich wie des Donners Dröhnen,
Sein Zornesruf allmächtig schwillt.
Von Millionen Zungen tönen
Die Worte, dass das Herz erbebt,
Als wieder es die Stimm' erhebt
Und heult: „Von meinem eig'nen Söhnen
Ward ich verraten früh und spat;
Ich bin das Proletariat"

Mich hat der Überfluss geboren,
Ich bin das Stiefkind der Natur,
Nichts auf der Welt hab' ich verloren,
Treu blieb das Elend meiner Spur,
Als Wiegenlied tönt meinen Ohren
Der Armut bittrer Schmerzenslaut,
Die bleiche Not ist meine Braut;
Es hat sich gegen mich verschworen
Macht und Gewalt in Volk und Staat:
Ich bin das Proletariat!

Ich duldete, ich war gebrochen,
Zerschlagen war mein ganzes Sein.
‚Du sollst', hat da ein Mann gesprochen,[5]
‚Der Fels der Zukunftskirche sein.'
Da bebt das Mark mir in den Knochen,
Ich raff' die letzten Kräfte auf,
Beginne langsam meinen Lauf,
An jedem Hause anzupochen:
Macht auf, ihr Schläfer, auf zur Tat!
Ich bin das Proletariat!

An die Paläste, an die Hütten
Klopf' mahnend überall ich an.
Vorbei ist Jammern, Fleh'n und Bitten,
Vorüber ist der falsche Wahn –
Als sei die Not, die ich gelitten,
Bestimmung, die Gott auferlegt,
Damit Barmherzigkeit man pflegt.
D'rum zum Verzweiflungskampf geschritten:
Sieg oder Tod! –das ist mein Rat;
Ich bin das Proletariat."

---

5 Ferdinand Lassalle

Der Tantalus des XIX. Jahrhunderts

Wie Krater der Hölle speit riesige Massen
Blutsprühender Wolken ein Schlotenwald aus;
Im Grunde erbeben die Häuser der Gassen
Vom dröhnenden Hämmer- und Rädergebraus;
Wild schäumende Dämpfe sie kreischen und zischen,
Als ob sie dem Kessel der Hexen entflohn;
Schrill gellen die Pfeifen des Satans dazwischen;
Sie rufen die rußigen Zyklopen zur Frohn.
Es ächzet und heult, und es wimmert und weint,
Wie's Käuzchen im Sturm, das ein Totenlied greint.

Und dennoch, welch' Reichtum und Segen erprießen
Dem höllischen Spuk; durch ihn, aus dem Schoß
Der Erde, sich goldene Ströme ergießen,
Zu tränken mit Freuden der Sterblichen Los.
Das Schifflein des Webers fliegt längst ohne Hände,
Die Erde hat jeden Tribut uns gezollt;
Die Hämmer der Schmiede, ohn' Rast ohne Ende,
Verwandeln das Eisen in blinkendes Gold.
Es haben die Menschen mit göttlicher Macht
Die Kräfte der Welt sich zu Sklaven gemacht.

Und Marmorpaläste mit goldenen Zinnen,
Mit Gärten wie Eden, mit trautem Gemach,
Sie bergen Geschmeide und köstliches Linnen,
Und Sammet und Seide, bis hoch auf zum Dach.
Nicht fassen die Scheuern die köstliche Beute,
Die glühend in Liebe die Sonne bescheint;
Nicht fassen die Keller die Tränen der Freude,
Die ob solchen Segens die Rebe geweint.
Wo immer der Mensch auch zur Ruhe sich streckt,
Hat Mutter Natur auch den Tisch ihm gedeckt.

Wohl schufst du, gewaltiger Recke, die Güter;
Du schufst sie im Schweiße des Angesichts schier,
Und dennoch, erbärmliche Zwerge als Hüter,
Bewachen, gleich Argus, die Schätze vor dir;
Verprassen das Deine – kaum dass du die Brocken
Demütig erflehst, die entfall'n ihrem Tisch;
Vor Zornesmut müsste das Herzblut dir stocken,
Und dennoch bleibst stumm du und kalt wie ein Fisch,
Hast Hunger inmitten von Überfluss –
Ermanne dich endlich, o Tantalus.

Der Bergmann

Hoch droben im Gebirge, wie lebensmüde, liegt
In waldumkränztem Tale, an Felsen angeschmiegt,
Ein kleines Bergmanns-Städtchen, verwahrlost, totenstill,
Wie ein verfall'ner Friedhof, voll staubigem Gerüll.
Ein Denkmal tiefer Trauer fast jedes Hüttchen ist,
Auf dem des Sängers Auge viel Weh und Kummer liest.
Er steht auf einem Grabe, das unersättlich bleibt,
In das die armen Leute der Kampf um's Dasein treibt.

Und draußen vor dem Städtchen, wo man zur Grube geht,
Ein altersschwaches Hüttchen wie gottverlassen steht;
Wie Palmenzweig auf Gräbern um's Hüttchen Farren stehn,
Die neigen sich wie betend, wenn leise Lüftchen wehn.
Die Armut, die es berget, ist unaussprechlich groß,
Ihm schaut aus allen Ritzen das Elend nackt und bloß;
Die Fenster sind erblindet, so trübe, dass es scheint,
Als hätt' es sich die Augen vor Kummer ausgeweint.

Ein alter Bergmann hauset darin in Einsamkeit;
Er ist so alt, als hätte vergessen ihn die Zeit.
Das Antlitz voller Furchen, von Wettern ausgespült,
Die schwere Schicksalsstürme im Herzen aufgewühlt,
Und mutterseel'n alleine im öden engen Raum
Sitzt er und flüstert leise für sich als wie im Traum;
Geschichten, die wie Märchen voll Lieb' und Herzeleid,
Sind es, die er verkündet aus längst verklungener Zeit.

Er spricht von all' der Liebe, die er gesenkt in's Grab,
Von dem Tribut an Schmerzen, den er dem Schicksal gab;
Wie mancher schon verschollen, den er einst Freund genannt,
Wie oft sein Herz statt Rosen nur blut'ge Dornen fand,

Kaum tönt durch all' die Klagen ein freundlicher Akkord,
Die Saiten seiner Seele, erklingen fort und fort
In traurig ernsten Tönen, erzittern leis und bang
Zu einer Trauerhymne, zu einem Schwanensang.

Ihm lebt nur noch ein Enkel, ein Knabe jung und zart,
Was noch in ihm von Liebe, das hat er dem bewahrt.
Und der verdient die Liebe, die ihm der Alte schenkt,
Weil er, trotz seiner Jugend, gar sorgsam seiner denkt.
Der Knabe zieht im Stollen den Hund voll gleißend Erz,
Mit sorglos regem Fleiße, ein echtes Bergmannsherz.
Ihn kümmern böse Wetter und all' die Schrecken nicht,
Die gierig auf ihn lauern, er lebt nur seiner Pflicht.

Sobald die Schicht beendet, fährt er zu Tage dann,
Den greisen Ahn zu pflegen, so gut er als nur kann.
Und wenn die Zeit der Ruhe, die karge Frist vorbei,
Eilt er zu neuem Werke, in neuer Schicht herbei,
So spinnt sein junges Leben sich ab in gleichem Lauf,
Geteilt in Müh' und Liebe; – ein freundliches „Glückauf!"
Aus seines Alten Munde, von ihm ein Liebesblick,
Das ist ihm Lohn in Fülle, das ist sein höchstes Glück.

Heut' ist er angefahren gar ahnungsvoll gestimmt;
Ihm war's, als ob der Alte auf ewig Abschied nimmt.
Er möcht' heut' gerne weilen, doch hat er keine Wahl;
Noch einen Blick zu Berge, noch einen Blick zu Tal,
Dann muss sein junges Leben der Erde er vertrau'n,
Obwohl es ihm gemutet, als sollt' er nimmer schau'n
Der Sonne gold'ne Strahlen, des Waldes prächtig Grün,
Als sollten nimmer wieder die Blumen für ihn blüh'n.

Den Greis daheim umschleichen viel Bilder wundersam,
Seitdem sein lieber Junge heut' von ihm Abschied nahm.
Er sieht im Geist die Reihen der Knappschaft aus dem Tal,
Mit zahllos blut'gen Wunden, das Antlitz bleich und fahl,
Voran den Obersteiger, hinaus zum Friedhof ziehn.
Der Letzte in dem Zuge, der grüßt so traurig ihn
Und winkt, dem Zug zu folgen – es ist sein Knäblein fein;
Es ist sein letzter Sprosse, der schließt den langen Reih'n.

Da – von der Grube droben der Glocke Ruf ertönt;
Sie heult wie in Verzweiflung, dass Berg und Tal erdröhnt.
Das Städtchen, das so öde, so still noch eben lag,
Wird plötzlich voller Leben, gleich wie durch Zauberschlag;
Und Kinder, Weiber, Greise in atemlosem Lauf
Enteilen bang den Hütten zum Schacht den Berg hinauf.
Die Glocke heult entgegen der angsterfüllten Schaar:
„Herbei! es sind die Euren in tödlicher Gefahr!"

Die schwammdurchfress'nen Balken, sie gaben plötzlich nach,
Die ganze Zimm'rung krachend in sich zusammenbrach;
Das lose Steingerölle stürzt in den Schacht hinab
Und schließt, für viele Monden, ein schauerliches Grab.
Die Witwen und die Waisen zu Hunderten umstehn
Den Rand des großen Grabes. – Wie wird es euch ergehn?
Denn ach! die euch ernährten und schützten, sind nun tot;
Wer soll euch fürder speisen, wer schützen euch in Not?

Die Herren, die seit Jahren sich teilten den Gewinn,
Den eure Lieben schufen mit unverdross'nem Sinn?
Sie, deren Gier verschuldet das Unglück, das euch traf,
Die Hunderte gebettet in ew'gen Todesschlaf?

O, glaubt das nicht, ihr Armen, in deren Herzens-Schacht
Ist's finstrer als da unten, ist liebeleere Nacht!
Sie jammert nur ihr Schaden – was kümmert sie „das Pack"?
D'rum geht und zieht von dannen, geht, nehmt den Bettelsack.

Der allverlass'ne Alte empfängt den Todeskuss,
Den in der Glocke Tönen, als letzten Scheidegruß,
Entsendete sein Enkel, als ihm das Auge brach.
„Fahr' wohl, mein lieber Junge, bald folge ich dir nach!
Was soll ich auch auf Erden, wo Menschlichkeit ein Wahn,
Wo Eigensucht nur leitet den Menschen auf der Bahn
Zum Glück, das zu erreichen er nimmermehr vermag,
Weil ihm das Glück noch immer in Macht und Reichtum lag.

Wo blieb das Reich der Liebe, das nach der Pfaffen Wort
Uns Christus einst verheißen? – Wir harrten fort und fort,
Dass sich das Wort erfülle; doch blieb es unerfüllt,
Weil wir gehofft, ein Wesen, das man in Rätsel hüllt,
Erschaffe durch ein Wunder dies Reich auf Erden doch,
Und uns geduldig fügten und fromm in's Sklavenjoch;
Dies Harren ohne Ende, dies Glauben ohne Tat,
Es war am Heil der Menschheit der schwärzeste Verrat."

Da überkommt den Alten im Sterben ein Gesicht,
Er schaut, wie einst der Sklave das ehr'ne Joch zerbricht,
In das den starken Nacken der Mammon ihm gebeugt,
Wie sein erwachter Wille das Reich der Liebe zeugt;
Die Arbeit auf dem Throne der schmacherlösten Welt,
Die Eigensucht, in Schande zu Füßen ihr zerschellt,
Da klingt aus seinem Herzen ein Jubelruf herauf,
Die letzte Schicht anfahrend, ruft er: Glückauf! Glückauf!
Glückauf!

Reißt die Götter von dem Throne

Um echten Ruhm dir zu erringen,
Der von der Selbstsucht Schlacke frei,
Musst du mit jenem Riesen ringen,
Den großgesäugt die Tyrannei.
Die Gottheit kämpft mit ihm vergebens,
Weil er in ihren Diensten steht
Und mit dem Ende seines Lebens
Ihr Himmelreich in Trümmer geht.

Es ist der Unverstand der Massen,
Des Aberglaubens Riesensohn,
Willst du ihm nach dem Leben fassen,
Dann reiß' die Götter erst vom Thron,
Die du im Herz bisher geborgen,
Befrei' dich von des Glaubens Druck;
Musst dich um Hass und Schimpf nicht sorgen,
Sie sind des Ruhmes schönster Schmuck.

Die Proletarierin.

Lebensbild in sieben Gesängen.

I

Als Kind

Feierliche Sabbatstille herrscht ringsum in der Natur,
Und bestreut mit Silberflocken prangen festlich Hain und Flur.
Hinter einem Birkenwäldchen lugt ein kleines Dörfchen vor,
Aus ihm steigt ein Festgeläute hoch zum Himmelsdom empor;
Es ist eine Messiade, die mit eh'rner Zunge spricht:
„Dir ward heut' der Christ geboren, armer Mensch, verzage nicht!"
Und der letzte Strahl der Sonne, zitternd, weil er scheiden muss,
Auf der Bäume Diamanten haucht er seinen Abschiedskuss.
Lautlos unter seiner Hülle, die der starre Frost ihm gab,
Fließt vom nahen Friedhofshügel in das Tal ein Bach hinab.
Auf dem Weg zum Friedhof schreitet, eingehüllt in leicht Gewand
Und ein kleines Tannenbäumchen in der frosterstarrten Hand,
Eine zarte, holde Kleine, viel zu zart für diese Welt,
Köstlich wie ein Strahl der Sonne, der in ird'sches Dunkel fällt.

Still, jetzt steht sie an dem Grabe, das die teure Mutter deckt,
An den Fuß des Grabeshügels sie das Tannenbäumchen steckt;
Zitternd sinkt sie in die Kniee, weiht ihr Herz dem Gottessohn,
Und im hohen Lied der Schmerzen fleht sie auf zu Gottes Thron:
„Herr, es funkeln deine Sterne, unzählbar am Himmelsraum,
Allen deinen lieben Kindern heut ein schöner Weihnachtsbaum;
Du, der voller Güt' und Liebe, grüß' mein trautes Mütterlein,
Sag' ihr, wo ihr Ännchen weilet – o, gewiss, das wird sie freu'n,
Auch vom Christbaum, den ich brachte, lieber Vater, zu ihr sprich;
Aber, dass er ohne Kerzen, sag' ihr nicht, ich bitte dich:
Denn es würde sie betrüben. Ach sie liebte mich so sehr,
Könnt ich doch bei ihr jetzt weilen, hier ist's gar zu öd' und leer.
Hör' mein Flehen, hör' mein Bitten, Vater unser, der du bist

Hoch im Himmel aller Sel'gen. Heilig uns dein Name ist.
Möge dein Reich zu uns kommen. Stets dein Wille nur gescheh',
Wie im Himmel, so auf Erden; denn du linderst jedes Weh,
Weil du bist der Born der Liebe. Gib uns unser täglich Brot,
Denn du sättigst, was da lebet, und erbarmst dich seiner Not.
Sei uns armen Sündern gnädig und vergib uns unsre Schuld,
Wie den Schuld'gen wir vergeben voll Ergebung und Geduld.
Führe uns nicht in Versuchung, Herr, denn unser Fleisch ist schwach.
Und erlös uns von dem Übel, wende alles Ungemach.
Denn dein ist das Reich der Welten, dein die Kraft und Herrlichkeit,
Was du bist, das bist du einzig durch dich selbst in Ewigkeit!
Nimm zu dir mich arme Waise, Jesus meine Zuversicht –
Lasst die Kindlein zu mir kommen, sprachst du, wehret ihnen nicht."

Doch was hilft das fromme Beten, das die Mutter sie gelehrt;
All' ihr Jammern, Flehn' und Bitten wird da droben nicht gehört.
Mächt'ge Herrn sind ja für die Bitten armer Kreaturen taub,
Müssen blut'ge Schlachten lenken, Völkermord und Länderraub. –
Und so muss die arme, kleine, zarte Proletarierin
Ohne Schutz und Schirm von oben wiederum zum Dörfchen zieh'n.
Zagend klopft sie an die Türe, bittet, nur für diese Nacht
Ihr ein Obdach zu gewähren. – Keine Menschenseele wacht,
Die ein Herz für fremde Leiden, und hinaus in Nacht und Wind,
Unter Tränen, unter Jammern muss das arme Waisenkind.
Und im Kampfe um das Dasein zieht es bettelnd durch die Welt,
Bis es einst als Arbeits-Sklave sich verkauft für schnödes Geld.

II
Als Jungfrau

Wie soll ich euch künden, wie lieb und wie herzig
Geworden das Kind, das zur Jungfrau erblüht?
Wie ihr in den Augen das heilige Feuer
Jungfräulicher Liebe wie Sonnenbrand glüht?
Wie sie in sich selber, gleich einer Mimose,
Sich einschließt, wenn sie auch nur leise berührt,
Was ihrem Gemüte, dem keuschen, zuwider?
Doch will ich euch singen, so tief ich gerührt:
Ihr sinniges Walten, wie treu sie gestritten
Im Kampfe um's Dasein, und wie sie gelitten.

Bevor noch der Morgen die Nacht überwunden
Und goldig errötend in's Kämmerchen blickt,
Hat sie schon geordnet ihr ärmliches Lager,
Mit rosigem Lächeln den Spiegel beglückt;
Ihr kärgliches tägliches Brot sich bereitet;
Und wenn nun die Glocke der Zwingburg ertönt,
Steht längst sie am Tore und harret des Pförtners,
Den stets sie als Erste zu grüßen gewöhnt.
Sie huscht ihm vorüber, dem schmunzelnden Alten,
Ihm glättet ihr freundliches Grüßen die Falten.

Und oben im Saale beginnen die Räder
Zu ächzen, zu kreischen; die Spindel sie schwirrt,
Sie dreht sich in sausendem, wütendem Tanze,
Und wirbelt, daß Alles vor Augen uns flirrt.

Die Jungfrau, sie ordnet, sie knüpfet, sie leitet
Und schlichtet die Wirren mit kundiger Hand;
Ihr Auge es suchet, es spähet und prüfet,
Bis dass den gebrochenen Faden es fand;
Ist rührig und emsig mit heiterem Sinne,
Und ob sie ermüdet, doch hält sie nicht inne.

So steht sie vom Morgen bis spät hin zum Abend,
Als Sklavin der toten Maschine verdammt,
In dunstigem Raume, die Fäden zu drehen,
Aus denen man wirket den kostbaren Samt.
Sie dreht sie zum Schmuck, für die „Großen der Erde";
Für sie, die voll Mühen die Fäden gemacht,
Wird auch nicht ein einz'ger zum Schmucke verwoben;
Für sie ist die Armut, für Andre die Pracht.
Kaum kann sie durch rastloses Schaffen gewinnen,
Ein farbiges Kleidchen von farbigem Linnen.

Doch wenn nun vorüber des Tages Beschwerde,
Eilt flüchtigen Fußes die Arme nach Haus;
Am Fenster, im Kämmerchen, lüpft sie verstohlen
Den Vorhang und schaut auf die Straße hinaus.
Da sieht um die Ecke den Burschen sie biegen,
Der sich in des Herzen verborgensten Schacht
Ihr heimlich geschlichen, trotz all' ihrem Sträuben
Die Flamme der heiligen Lieb' angefacht.
Das Herzblut es siedet, die Pulse sie fliegen,
Es fehlt ihr die Kraft, um sich selbst zu besiegen.

Sie öffnet das Fenster, schaut trunken hinunter,
Er zögert, erglühet, hält inne im Lauf,
Die Blicke, sie senken sich tief ineinander,
Da tut auch dem Jüngling ein Himmel sich auf.
Entscheidend für's Leben ist beiden die Stunde,
Sie weih'n sich einander mit Herz und mit Mund
Und preisen sich glücklich. O, arme Betörte,
So wurde denn niemals das Sprüchwort euch kund;
„Man soll vor dem Tode nicht glücklich sich preisen;"
Das Glück hängt am Faden, bald kann er zerreißen!

III
Als Braut
1. Scheiden

Zum Wanderstab der Jüngling greift,
Wie's Brauch von Alters her,
Dass er die Schlacken von sich streift
Im wechselnden Verkehr.
Damit er lernt, was ihm noch fehlt,
Um's Meisterrecht zu werben;
Was Geist und Sinn zur Arbeit stählt,
Sich nimmer lässt ererben.

Die Trän' im Auge, tritt er hin
Zum trauten Mütterlein;
Die segnet ihn mit frommem Sinn:
„Bewahr dein Herz stets rein,
Damit wenn du mir wiederkehrst," –
Spricht sie mit leisem Beben –
„Mir so wie heute angehörst,
Mein Stolz, mein Trost im Leben."

Vom Mutterherz in Liebchens Arm –
Wie zagend wird sein Schritt
Wie wird um's Herz ihm angst und bang,
Als er in's Stübchen tritt.
Sie springt empor, sie hält ihn fest,
Will sich nicht von ihm trennen:
„Geliebter, wenn du mich verlässt,
Wird's ab das Herz mir brennen."

Er fühlt, wie's ihm das Herz beengt,
Doch kann's nicht anders sein.
Und ob's ihm schier das Herz zersprengt,
Es muss geschieden sein.
Er reißt sich los, er stürmt hinaus,
Bezwingt des Herzens Toben;
Doch vor dem Dorf weint er sich aus.
Wird sich sein Herz erproben?

Treu, mutig, stolz und wahr und rein,
Ganz nach der Väter Art,
Wie auch des Schicksals Wetter dräu'n,
Er sich das Herz bewahrt;
Die Wanderlust, der Wissensdrang
Lässt Ruhe ihn nicht finden.
So wandert er die Welt entlang,
Und lange Jahre schwinden.

Da fasst mit Macht das Heimweh ihn,
Voll Sehnsucht ruft er aus;
"Zurück zur Heimat will ich zieh'n,
Zum teuren Vaterhaus!"
Doch ist es Heimweh nicht allein,
Das ihn erfüllt mit Sehnen,
Liebkrankes Herz genest allein,
Kann's an sein Lieb sich lehnen.

>>

In treuer Minne harret sein
Daheim sein trautes Lieb,
Das zage Herz voll Angst und Pein,
Ob er ihr treu verblieb?
Doch Mütterchen harrt sein nicht mehr,
Wie es ihm einest versprochen;
Ihr Herz steht still, ihr Heim ist leer,
Ihr Aug' ist längst gebrochen.

2. Wiedersehen.

Sie sitzet am Fenster und sinnt und sinnt,
Die Augen halb geschlossen;
Die Wange entlang eine Träne rinnt –
Sie hat schon viele vergossen.
Du armes Kind, so zart und hold,
Wie schmückt dich die Träne, dem Auge entrollt!

Jetzt schreckt sie empor, sie hört einen Schritt,
Das Herzblut will ihr stocken;
Sie zittert, wird bleich – sie kennt den Tritt.
Wird nun die Wange ihr trocken?
Ihr Auge wird wie Stein so hart,
So eisig, als sei es im Tode erstarrt.

Die Türe fliegt auf, mit leuchtendem Blick,
Tritt über ihre Schwelle,
Die Arme erhoben, ihr Wunsch, ihr Glück;
Sie weicht nicht von der Stelle.
Da ruft er bang. „Was ist mit dir,
Du zauderst, du eilst nicht treuliebend zu mir?!“

Mit bebenden Lippen entgegnet ihm
Die Ärmste: „Meine Treue,
Die wirst, ja die kannst du in Zweifel nicht zieh'n!
Warum ich mich nicht freue?
Die Hand, die ich dir einst geweiht,
Liegt draußen im Friedhof, der Mutter zur Seit'!

Dicht vor der Maschine, die schnurrend spann,
Stand ich, und all mein Sinnen,
Es war nur bei dir; und wie ich so sann
Und dacht' nicht an das Spinnen,
Da griff nach mir in frecher Lust
Der Lohnherr und drückt mir die bebende Brust.

Ich springe zurück und die Scham, der Zorn,
Sie lassen mich nicht achten,
Was hinter mir braust, nur den da vorn,
Zu wehren, ist mein Trachten.
Da packt mir die geballte Hand
Das Schwungrad und presst mich betäubt an die Wand.

Und als von der Ohnmacht ich endlich wach,
War Hand und Ring verloren.
Nun Teurer, ich bitte dich, sei nicht schwach;
Von dem, was du geschworen,
Entbind ich dich. Leb' wohl, leb' wohl!"
Wie zittert ihr Herz, ach, wie klingt das so hohl.

„Nicht kannst du mich lösen vom Manneswort,
Das ich dir einst gegeben;
Ich habe geschworen: zu bleiben dein Hort,
Für dich allein zu leben.
Die Seele kürt ich mir zum Weib',
Du wirst es, und ist auch verstümmelt dein Leib."

IV. Als Gattin

Dem friedlichen Dörfchen entführ' ich euch heute,
Hin zu der gewaltigen Könige Stadt,
Durch rußige Straßen, zum hohen Gebäude,
Worin sie als Hausfrau ihr Stübchen jetzt hat.
Die Jahre der Jugend sind längst ihr geschwunden.
Doch wie auch verfolgt von der Sorge sie war:
Die Liebe des Mannes, mit dem sie verbunden,
Bewahrt ihr die Jugend des Herzen fürwahr!
Sie dankt ihm die Treue
Mit häuslichem Fleiße,
Damit er sich freue
In traulichem Kreise,
Am heimischen Herd,
Von Jedem geehrt.
Genieße, wenn abends das Tagewerk vollendet,
In Glück und Frieden, was Liebe ihm spendet.
Mit richtigem Takte versteht sie zu zähmen,
Durch freundliche Worte, den trotzigen Sinn
Des Sohnes, und weiß ihn mit Lieb' zu beschämen;
Sie leitet zum Guten und Rechten ihn hin.
Sie lehrt ihn den Vater als Vorbild achten,
Der streng nur sich richtet, doch stets voller Huld,
Voll Schonung und Milde, mit sorglichem Trachten
Zu bessern, beurteilt an Andern die Schuld.
Mit sorgender Mühe
Bewacht sie sein Streben,
Damit ihm erblühe
Nur Freude im Leben.
So waltet und lebt
Und wirket und strebt
Als Mutter und Gattin das Weib aus dem Volke.
Naht nimmer ihr wieder die dunkele Wolke?

V
Als Greisin
1. Verfemt

Im glänzenden Raume, der sonst nur den Musen
Der Schauspielkunst und dem Apollo geweiht,
Da stehen, in Schurzfell und Werkeltags-Blusen,
Heut trotzige Söhne der Arbeit, bereit
Dem Strome gewaltiger Reden zu lauschen,
Die sich von den Brettern, dem Spiegel der Welt,
Bald ruhig ergießen, bald brausen und rauschen,
Als ob an dem Felsen die Woge zerschellt.

Ein Arbeitsmann redet vom heiligen Rechte,
Von Freiheit und Gleichheit, von Brüderlichkeit:
„Nicht Freie und Sklaven, nicht Herren und Knechte,"
So ruft er begeistert, „erheischet die Zeit;
Wir Schöpfer der Güter des Lebens, wir fordern,
Als Freie und Gleiche, zurück unser Recht,
Das mit uns geboren, das unsern Vor-Vordern
Zu rauben die Großen der Welt sich erfrecht.

Man hat uns von je um das Erbteil betrogen,
Das jedem Geschöpf die Natur hat gereicht;
Mit Wollust hat man unser Herzblut gesogen,
Indes uns das Elend die Wangen gebleicht.
Man hat uns die Bildung des Geistes entzogen,
Nur dürftige Brocken des Wissens gereicht.
Man hat in den Mund uns hinein es gelogen,
Wir hätten die Freiheit und Gleichheit erreicht.

Das Blut aus den Poren, das Mark aus den Knochen,
Wie Saft aus Zitronen, hat man uns gepresst.
Mit Hohn nur von uns als vom Pöbel gesprochen;
Man hat uns gemieden wie Aussatz und Pest!
Nicht länger mehr sollen die müßigen Drohnen
Den Honigseim schlürfen, den Arbeit nur schafft;
Nicht länger mehr wollen dem Geldsack wir fronen,
Verkaufen um lumpigen Lohn unsere Kraft.

Ein Vierteljahrhundert schon hat ich den Herren,
Der einst mir ‚in Gnaden‘ vergönnt die Ehr‘,
Für ihn mich ins Sklavenjoch willig zu sperren,
Ernährtund gemästet, nun ward mir zu schwer
Der Hammer zum Schmieden, es wollt‘ nicht mehr gehen
Wie früher; da tönte der Ruf mir in‘s Ohr:
‚Geh Alter, hier muss jetzt ein Jüngerer stehen!‘
Nun lieg ich, ein altes Stück Werkzeug, vor‘m Tor.

Und weil ich für unsere Rechte gesprochen
Und treu stets im Kampfe zur Stelle euch stand,
Der heuchelnden Fortschrittler Einfluss gebrochen,
Der Rückschrittler Lockung stets widerstand,
So ist mir nun jegliche Werkstatt geschlossen,
Hat man auf den ‚Hunger-Etat‘ mich gestellt,
Dieweil ich vom Baum der Erkenntnis genossen,
Verfemt und den Strolchen zur Seite gesellt!

Daheim nun, o dürft ich d'ran denken doch nimmer,
Ein altes verstümmeltes Weibchen ich hab' –
Ein Opfer der Arbeit – kein Hoffnungsschimmer,
Kein Trost für uns Beide, als Sterben und Grab.

Die Stütze des Alters, sie ist uns genommen;
Im ,herrlichsten Kriegsheere' steckt unser Sohn,
Hat bunte Fetzen und Tressen bekommen,
Das ist des Invaliden, der Arbeit Lohn!"

2. Ende.

Als ob die Welt im Kreisen läg',
Erzitterte in Wehen,
So bahnen sich den freien Weg
Gewaltsam die Ideen,
Die der Tyrann in Fesseln schlug,
Ertränken wollt im Blute
Der Ärmsten, so die Erde trug,
Mit feigem Henker-Mute.

Am off'nen Giebelfenster steht
Die Greisin voller Zagen.
Der Wetterhahn sich kreischend dreht,
Und dunkle Wolken jagen,
Als trieb der wilde Jäger sie
Mit seiner tollen Meute –
Der Sturmwind bläst das Halali,
Als ächze er nach Beute

In schauerlicher Harmonie
Die Glocken d'rein ertönen,
Heut klinget ihre Melodie,
Wie blut'ger Rache Stöhnen.
So alt sie ist, doch hat sie nie
Den Kampf der Elemente
Wie heut erlebt. Verkünden sie
Der Weltentage Ende?

„Das Volk steht auf, der Sturm bricht los".[6]
Und in die leeren Gassen
Speit jedes Haus aus seinem Schoß
Zum Kampf bewehrte Massen.
Der Kampf wälzt sich die Straß' entlang,
Dressierte Söldnerhorden
Marschiren bei der Trommel Klang
Zum handwerksmäß'gen Morden,

Die rote Fahne in der Hand,
Mit hochgeschwung'nem Degen,
Steht wie ein Fels am Meeresstrand
Ein Greis im Kugelregen;
Und singend preist er sein Geschick,
Das ihn bestimmt zum Tode,
Zum Tode für die Republik,
Die Republik, die rote!

Die Greisin hört das Schwanenlied
Mit Stolz, sie kennt den Sänger;
Als er heut Morgen von ihr schied,
Sprach sie zu ihm: „Noch länger
Zu zögern wäre Schmach, mein Freund,
Geh', nur als Sieger kehre
Lebendig du, mein Auge weint
Nur um verlor'ne Ehre."

---

6   Zitat von Carl Theodor Körner (1791-1813), Dichter des Befreiungskriegs

Doch jetzt, wie wird ihr Antlitz bleich!
Sie sieht den Gatten wanken.
Schreckt sie vielleicht der Todesstreich?
O, fort mit dem Gedanken!
Das, was ihr Auge jetzt erblickt,
Muss unaussprechbar schmerzen:
Der's Schwert zum Mord auf ihn gezückt,
Lag unter ihrem Herzen!

„Fluch dir, du Scheusal, das den Stahl
In's Vaterherz kann stoßen!"
So kreischt sie auf, „Fluch, ew'ge Qual!
Fluch mir, die dich geboren!
Fluch dem Tyrannen, der die Macht
Missbraucht zur Menschenhetze!
Fluch euch, ihr Bestien, die gemacht
Die Brudermord-Gesetze!"

Ein Schrei – sie stürzt – zerschmettert liegt
Sie in der Straßenrinne,
Dicht an den Gatten angeschmiegt,
Wie in der Zeit der Minne.
Daneben liegt, in blutiger Pracht,
Die Leiche ihres Sohnes;
Das letzte Opfer für die Macht
Des letzten Königsthrones.

Mene Tekel.

Der Sturm braust um die Giebel hohe Psalmen,
Ein weißes Bahrtuch deckt ringsum das Land,
Am Fenster prangt ein Wald kristall'ner Palmen,
Gebilde von des Winters eis'ger Hand.
Im wurmzernagten Türgewände kündet
Die Totenuhr mit leisem Pendelschlag,
Dass wieder sich ein Tag zu Ende windet,
Ein trüber, banger, leidenvoller Tag.

Ein altes Lämpchen glimmt dem Tag entgegen,
Als ob es längst des Lebens müde sei;
Kein Stäubchen möcht' im Hüttchen heut sich regen,
Nur's Heimchen zirpt sein ewig' Einerlei
Im Lehmgemäuer, halb zu Schutt verwittert,
Da – durch des Stübchens Grabesstille ringt
Ein Seufzer sich, der durch die Nerven zittert,
Als ob der Harfe Saite schrill zerspringt.

Ein Mutterherz ist's, dem er bang entquollen –
Ach, namenlose, unbegrenzte Pein
Lässt ihrem Auge keine Trän' entrollen;
Ihr Leben liegt vor ihr im Totenschrein;
Ein Knabe, dem kaum sechzehn Lenze blühten,
So schön und rein wie junger Maientag.
Der Wangen Rosen, die wie Purpur glühten,
Zu früh zum Erntekranz der Tod sich brach.

Ein Lockenwald umrahmt die Schläf' ihm golden,
Die Marmorstirne schmückt ein duft'ger Kranz
Von Myrten, die am Ehrentage zollten
Der Schmerzerfüllten einst so holden Glanz.
Ihr Auge blickte hoffnungsvoll in's Leben
In jener märchensüßen hohen Zeit,
Wo unsrer Jugend Frühlingsgötter weben
Der Zukunft immerdar ein rosig Kleid.

Nicht scheint das Glück von ihrem Pfad zu weichen,
Ihr Gatte war ein Mann aus einem Guss,
Der unverzagt und kühn griff in die Speichen
Des Schicksals-Rades und es lenkt zum Muss.
Da murrt im Joch und bäumet in den Zügeln
Das allbedrückte Volk, sein Zornesschrei
Tobt hin, getragen von des Sturmes Flügeln,
Durch alle Lande; Tod der Tyrannei.

Ein Echo weckt in seiner Seele Tiefen
Der Donnerworte mächt'ger Flügelschlag,
Und der Empörung Geister, die sie riefen,
Kein fürstlich Schmeichelwort mehr bannen mag.
Der Freiheit singt er seine schönsten Lieder,
Weiht ihr zum Opfer Leben, Lieb' und Gut,
Sein flammend Schwert trägt in der Feinde Glieder
Tod und Verderben, bricht der Schergen Mut.

Doch allzulang schon lag das Volk in Banden,
Als dass es brechen könnt' sie über Nacht.
Vom Druck entnervt, macht's alle Müh' zu Schanden
Weil es verzweifelt an der eig'nen Macht.
Mit Undank lohnt's des Helden heiße Liebe –
Dem Sieger ist d i e Schmach noch nicht genug.
In's Zuchthaus, unter Räuber, Mörder, Diebe,
Bannt ihn der feilen Richter harter Spruch.

Doch nicht vermag das ihren Geist zu beugen,
Sie trägt mit Stolz, wie eine Römerin,
Die Schicksalsstürme ernst und ohne Weichen,
Gestählt in Liebe ist ihr edler Sinn.
Ein Mädchen, gleich der Knospe einer Rose,
So ganz der Mutter lieblich Ebenbild,
Umgaukelt sie mit kindlichem Gekose,
Ist ihres Herzens diamant'ner Schild.

Da naht mit liebdurchglühten Schmeichelworten
Der Jungfrau die Versuchung, lustentbrannt
In gold'nem Netz die Unschuld feig zu morden.
Es reißt der Kindesliebe heilig Band.
Der Wollust Gift betäubt gar bald die Schmerzen
Der Reue, die sich im Gewissen regt;
Der Keuschheit Tugend modert ihr ihm Herzen,
Das Mutterliebe sorgsam einst umhegt.

Das drückt gleich einem Alp der Mutter Seele,
Die gegen Schmach und Unglück schien gefeit;
Ihr stolzes Herz sieht in der Tochter Fehle
Die eig'ne Schmach, das größte Herzeleid.
Doch ob verlassen sie auch sonst von Allen,
Noch war gebrochen nicht der letzte Mast;
Wie auch des Schicksals ehr'ne Würfel fallen,
Noch lebt ihr Sohn, hilft tragen ihr die Last.

Dem Manne gleich, erprobt in tausend Stürmen,
Kämpft gegen Sorg' und Not der Knabe an,
Und ob sie unbesiegbar auf sich türmen,
Ihn hält des Vaters Wahlspruch: D'rauf und d'ran!
Zum mühgewohnten Tagwerk zog er heute,
Als kaum die Sonne beut den Morgengruß.
Jetzt schläft er, ewig stumm, des Todes Beute,
Nicht weckt ihn mehr der trauten Mutter Kuss.

Ihn fasst der Räder ungeschützt Getriebe,
Zermalmt die Brust ihm, wie in blinder Wut;
Dem Herzen, übervoll von Kindesliebe,
Entströmte fessellos die Purpurflut.
Das hat die letzte Faser auch gerissen,
Mit der am Leben hing der Mutter Herz.
Das einz'ge Glück, das ihr verblieb, zu missen,
Lässt sinken sie in der Verzweiflung Schmerz.

Zwar blühen Rosen noch auf ihren Wangen,
Doch sind es Rosen, die entkeimt der Not,
Aus sterbenswunder Brust empor sich rangen,
Ein Sträußchen für der Armen Freund – den Tod.
Starr blickt sie auf des Sohnes blut'ge Leiche,
Als sei aus ihr das Leben längst entflohen;
Nicht eine Wimper zuckt. Die Schmerzensreiche
Stirbt hin in Trauer um den einz'gen Sohn.

Auf schlägt die Türe und ihr Gatte schreitet,
Auf Zuchthaus-Urlaub, gramgebeugt herein.
Es stockt sein Schritt; scheu durch das Stübchen gleitet
Sein Auge bei des Lämpchens trübem Schein.
Kein Laut entringt sich seinem bleichen Munde,
Wie Zauber hält das Bild ihn fest gebannt,
O, schreckensvolle, qualerfüllte Stunde,
Wie langsam flieht doch, Korn um Korn, dein Sand!

Die Niobe am Sarge hebt das Auge,
Das tränenlose, matt zu ihm empor,
Als ob es aus der wunden Seele tauche,
Und flüstert kaum vernehmbar seinem Ohr:
„Dank dir, mein Freund, dass du mir kehrtest wieder –
Dank für die Treue – die du mir geweiht –
Mein müdes Haupt – zur Ruhe – leg ich's nieder –
Sorg für mein Kind – Leb wohl – in – Ewigkeit!"

Sie sinkt entseelt auf ihres Sohnes Bahre.
Hin, alles hin! Noch fasst sein Hirn es kaum:
Tot – tot! die er geliebt so viele Jahre.
Phantom der Hölle ist's! ein wüster Traum. –
Des Lämpchens Licht stirbt wie im stillen Harme,
Noch einmal flackert's auf; aus löscht es – aus;
Und mit dem Schrei des Wahnsinns flieht der Arme
Fort von der Stätte voller Nacht und Graus.

———◆———

Nun wappne das Herz dir mit sittlichem Mut,
Umgürte mit Tugend die Lenden,
Ich will dich geleiten hinein in die Flut
Der Liebe verwegenster Spenden.
Da kannst du erschauen
Liebheischende Frauen,
Lautjubelnd und kosend beim Bacchanal,
Der Jugend Charybdis und Scylla zumal.

Und hast du, süßträumend, Paläste erschaut
In glühendem Abendrot-Scheine,
Die Scheherazade phantastisch erbaut
Aus Gold und aus edlem Gesteine,
Aus würzigem Duft
Und sonniger Luft,
Nie haben die strahlende Pracht sie erreicht,
Die hier sich dem Auge, dem staunenden, zeigt.

Und hättest du Mahomeds Himmel durchlebt
Mit göttlichen Huris voll Wonnen
Und hätten Sylphiden mit Luft dich umwebt,
Mit Freuden der Liebe umsponnen,
Bei fröhlichem Tanz
Im Mondenlichts-Glanz
Die Elfen sich selbst dir zur Lieb gewährt,
Hier würden der Freuden dir mehr noch beschert.

Hier sprühen die Kerzen ein flammendes Meer
Und goldene Weine sie springen
In marmornen Becken; es rauschen einher
Harmonische Klänge auf Schwingen
Liebatmender Lust,
Erfüllen die Brust,
Mit Hangen und Bangen in seliger Pein,
Und schmeicheln in's Herz dir die Sehnsucht hinein.

Und hat dir die Liebe zerklüftet das Herz,
Und möcht' es in Wonnen verbluten,
Dann träuft dir die Hebe mit prickelndem Scherz
Noch Öl in die sengenden Gluten.
Bald raset das Blut
In seliger Wut
Wild tobend und siedend zum Hirne hinauf,
Bald hemmt es ein freudig Entzücken im Lauf.

In lauschigen Grotten von Felsengestein,
Dort laden verliebte Sirenen,
Zu heimlichem, trautem Gekose dich ein,
Zu stillen dein kühnstes Ersehnen.
Und wenn dir die Kraft
Zum Lieben erschlafft,
Dann strömet der feurige, schäumende Wein
Ein brandendes Meer dir von Lebenskraft ein.

Doch wenn dann geschlossen die Hallen der Lust,
Dann wanken nach Haus die Bacchanten
Mit schwankenden Schritten und keuchender Brust,
An Leib und an Seele zuschanden.
Dann jubelt der Tod,
Dann grinset die Not,
Dann peitscht sie die Nemesis, rachedurchglüht,
Mit peinvoller Reue, die nimmer entflieht.

Auf schwellenden Kissen, im trauten Gemach,
Ertränkt das Gewissen bei tollem Belag
In schäumendem Sekt, kos't, schäkert und neckt,
Umsäuselt, umkräuselt
Von duftigen Wölkchen, ein lärmendes Völkchen.
Inmitten des Trubels, lautschallenden Jubels
Brillierender Funken, sitzt in sich versunken
Ein bleiches Kind, seufzt leise und sinnt.

Der tollste der Zecher schaut über den Becher
Und ruft mit Erstaunen: „Was sollen die Launen,
Maßliebchen, du Traute? Komm, sing uns zur Laute
Ein Liedchen voll Minne mit fröhlichem Sinne,
Die Freude zu bannen, sonst geht sie von dannen,
Kaum dass sie geboren, im Reigen der Horen;
Noch geht's nicht zum Scheiden."

Sie greift in die Seiten –
Ein Mollakkord klingt und Maßliebchen singt:

Es ruht' ein Röslein jung und schön,
In schwellendweichem Moose;
Um Rösleins Minne zärtlich buhlt
Der Schmetterling, der lose.

Doch Röslein hält den keuschen Schoß
Der Liebeslust verschlossen,
Das hat den heißverliebten Fant
Von Herzen schier verdrossen.

Als Röslein matt das Köpfchen senkt
Im Brand der Mittagssonne,
Eilt keck der Flattersinn herbei,
Zu schlürfen Luft und Wonne.

Er streift sein Gold im Liebesrausch
Auf Rösleins zarte Hülle,
Das hat der Armen Sinn berückt,
Sie beut ihm Lust in Fülle.

Der Abend kam, die Lust war aus,
Verlassen lag die Rose,
Vom gold'nen Mehltau angereift,
Verwelkt in welkem Moose.
Die Laute sinkt,
Eine Träne blinkt,
Im Rauschen der Töne ein Seufzer erstirbt.

Was hat uns die Grille da vorgezirpt?
Ruft trunken ein alter blasierter Nachtfalter;
Geh' troll dich in's Kloster, dort plärr Paternoster;
Hier dürfen nur lustige Lieder erklingen;
Ich will euch eins singen
Von Liebe und Wein,
Ihr Andern stimmt fröhlich im Chorus mit ein.

Hört, was euch mein Mund verkündigt:
Wer im Leben nicht gesündigt,
Ist der größte Sündenlümmel
Hier im ird'schen Weltgetümmel;
Denn die Eng'lein zu betrügen
Um ihr seligstes Vergnügen
Über reu'ge Sünderseelen,
Heißt den Himmel selbst bestehlen.
Eh' die Jugend verrinnt und die Reue beginnt,
Genieße den Wein, Hurra! den Wein,
Du rosiges, küssliches Mägdelein.

Holdes Kind reich mir den Becher,
Bin ein gar bewährter Zecher,
Trinke Wein und schlürfe Liebe,
Komm und stille meine Triebe.
Um den Engeln zu gefallen,
Holder Engel, musst du fallen;
Um den Himmel zu genießen,
Musst du sel'ge Sünden büßen.
Eh' die Jugend verrinnt u.s.w.

Lasst am Kuss euch nicht genügen,
Genießt die Lieb' in vollen Zügen,
Denn nur Dem wird viel vergeben,
Der da viel geliebt im Leben.
Wein im Fass mit off'nem Spunde,
Mägdelein mit ros'gem Munde,
Die ich nicht genossen habe,
Reu'n mich noch dereinst im Grabe.
Eh' die Jugend verrinnt u.s.w.
Wild jauchzend die Zecher und schwingen die Becher,
Und lassen sie klingen, als sollten sie springen:
Ein Schmollis[7] dem Sänger! Je toller, je länger,
Herzbruder sollst leben; Maßliebchen daneben!
Fiducit confratres, noch geht's nicht ad patres,
Noch weinen die Reben Mixturen für's Leben,
Und Dirnen, heißblütig, verwegen, gutmutig,
Noch opfern der Freude. D'rum grinste auch heute
Der Tod mit der Hippe: Pascholl[8] mit der Sippe!
Wir riefen: gaudeamus und ergo bibamus!

---

7 Aufforderung, Brüderschaft zu trinken
8 „vorwärts!", „pack dich!"

Dort, an der Türe Schwelle, welch' trotziger Gesell;
Ein Dämon scheint's den Zechern – die Rache schreitet schnell
Die nackte Brust bebt keuchend voll Rache ihm und Qual.
Sein Aug' ist irr und glasig, die Wangen totenfahl.
Die schneebestäubten Haare, verworren und zerzaust,
Und aufgeschwellt die Nüstern und krampfgeballt die Faust.
Und in der Tafelrunde wird's stille wie im Grab,
Das Walten der Vergeltung bricht über sie den Stab.
Wie wollten sie doch fesseln die lustbeschwingte Zeit!
Jetzt wird schon die Minute für sie zur Ewigkeit.

Fort sind die wüsten Scherze, fort all' ihr Frevelmut;
Es zittern ihre Herzen, in Feigheit stockt ihr Blut;
Denn aus der Brust des Rächers ringt sich ein Schrei empor,
Der sich, wie glühend Eisen, bohrt in der Schacher Ohr.
Mit schmerzdurchzuckter Stimme ruft er: „Mein Kind, mein Kind!
O wär' mein Geist umnachtet, o wär' mein Auge blind!"

Da stürzet ihm zu Füßen die reuerfüllte Maid,
Zerrauft die gold'nen Locken, zerreißt ihr Feierkleid
Und stöhnt gebroch'nen Herzens: Hör', Vater, was ich fleh:
Nicht diese lass entgelten das übergroße Weh,
Das euch durch mich geworden. Die Strafe treffe mich,
Weil ich vom Pfad der Tugend mit frevlem Leichtsinn wich.

Und in des Alten Auge ein heilig Feuer flammt;
Nein, du gefall'ner Engel, noch bist du nicht verdammt.
Ihr aber, die gemordet das Heiligste in ihr,
Die Keuschheit ihres Herzens, der Seele schönste Zier,
Auf allen euren Wegen folg' Schande euch und Schmach
Bis an des Grabes Pforte, des Lebens jüngster Tag.
Denn was ihr auch gesonnen, ist eitel Lug und Trug,
Und was ihr auch begonnen, es ist der Menschheit Fluch!
Auf blitzt im Strahl der Kerzen
Der blanke, schneidige Stahl,
Erschließt dem Tod zwei Herzen,
Die müde längst der Qual.

Ein Traum

(Ein episches Gedicht vom Bundschuh)

Nacht war es und die matten Lider drückten
Wie bleiern auf die müden Augen mir.
Der Kuckuck in der Uhr des Schwarzwalds kündet
Mit gleichem Ton, wie sonst, den jungen Tag,
Und doch will heute es mich schier gemahnen
An jene gold'ne Zeit, wie neckisch spielt'
Der Ahn mit mir, dem kleinen Enkelsohne,
Und mir erschloss der Märchen Zauberland.

Der Hammer, den ich eben noch geschwungen,
Zu schlagen in den Schuh den spitzen Pfriem,
Fiel aus der Hand mir dröhnend auf die Diele.
Vom langen, schweren Tagewerk erschlafft,
Verweigerten die mühgewohnten Sehnen,
Entgegen meinem Willen, der sie sonst
Ganz unumschränkt beherrscht, den Dienst; gebunden
Lag er schon längst in süßem Schlafes Arm.

Noch einmal flackert' leise das Bewusstsein,
Doch unbestimmt, mir auf, und nur vom Schuh,
Den mit dem Knieriem ich an meine Lenden
Gefesselt hielt, ein halbverschwomm'nes Bild
Drang noch mir durch der Augen Tor zum Hirne,
Das übermüde, klaren Denkens satt.
Da klopft es leise an mein Fensterlein,
Erschreckt schlaftrunken rufe ich: Herein!

Mein Großahn tritt herein. Mit heit'rer Miene
Grüßt er nach mir, dann winkt er nach dem Flur,
Aus dessen nächt'gem Dunkel sich allmählich
Ein wundersames Lichtgebilde löst,
Als ob von ihm es würde erst geboren. –
Ruht denn nicht längst im Grabe schon mein Ahn?
Und dieser Mann – wo sah ich den doch schon?
Just so wie heut, mit aufgekrämptem Hemde,
Mit Schurzfell, und die Laute in der Hand?

Als ob mein Ahn mir von der Stirne lese,
Was ich so kann, ruft er; Ei sieh, mein Sohn,
Wie bist du alt doch in der Zeit geworden,
Der kurzen, seit man mich zum Friedhof trug!
Mir sieht die Jahre man, die ich geschlafen,
Gelt, nicht so an. Und hier, mein lieber Freund,
Gerad' noch so wie vor dreihundert Jahren
Er leibt und lebte, schaut er heut noch aus.

Als schlichter Handwerksmann und Meistersinger
Zu Nürnberg lebte er gar schlicht und recht.
Sein Konterfei – dort hängt's noch am Kamine –
Hat dich so oft erfreut, und, noch ein Kind,
Riefst du uns zu mit drollig ernster Miene:
Wenn Bruder Konrad erst und ich 'mal größer sind,
dann werden wir, wie der und du, auch Schuh-
Macher und Poet dazu.

Erschöpft hält inne er, tief holt er Atem,
Geschwätzig, wie nun so das Alter ist,
Von Neuem aufzuzieh'n der Rede Schleusen.
Beschwicht'gend mit der Hand den Alten, naht
Der Mann im Schurzfell mir, neigt sich leicht grüßend
und hebt mit glockenreiner Stimme an:

    „Mein Name ist Hans Sachs. Ich möchte zeigen
In Bildern der Vergangenheit dem Mann
Mir werkverwandt, mit gleichbestimmter Seele,
Wie sich die Menschheit Glück und Frieden auch
Erringen kann; wie in der Zukunft Schoße
Das Los der Menschheit sich gestalten mag,
Wenn sie erkürt den Geist der Weltgeschichte
Zum Lehrer für ihr Streben, für ihr Tun.

    Nur so erschließt das Buch mit sieben Siegeln
Dem Menschen sich; denn nie gestattet ihm
Des Schicksals hehre Macht, voll zu entschleiern
Das Saisbild der Wahrheit – zu erschauen,
Was sie in ihrem dunkeln Rat beschlossen
Für künft'ge Zeiten; ja, die Götter selbst
Vermochten nicht mit ihrem Glanz zu bannen
Die Finsternis, in die sie sich gehüllt,
Und die, gleich einer felsgetürmten Mauer,
Die unerforschte Stätte rings umgibt,
Wo rastlos spinnt für alle Weltenwesen
Die Gottgebieterin Notwendigkeit,
Was schürzen soll zu des Verhängnis' Kette
Sich aus Vergangenheit und Gegenwart.
Nichts macht die Fäden dieser Kette brechen,
Sie bäumt sie, unentwegt, mit starker Hand.

>>

Doch lässt beim Schuss sie gern die Hand sich leiten,
Zu weben neue Ornamente ein;
Gestattend so, dem Menschengeist zu wirken
An der Veredelung des Werkes mit.

Der Schuh, den du gefesselt an die Lenden,
Er stammt aus alter, wildbewegter Zeit.
Ihn trug ein armer Musikant und Hirte,
Hans Böheim, Pfeiferhänslein auch genannt.
Im Taubergrunde predigt' er den Bauern
Die Gleichheit des, was Menschenantlitz trägt.
Es lauschen seinem Wort unzählige Scharen,
Aus nah und fernen Gau'n herbeigeeilt.
Ein Evangelium, von Gott verkündet
Durch seinen Mund, scheint seiner Rede Sinn
Dem ausgeraubten, hartbedrückten Volke;
Ihn hört es gläubig, willig folgt es ihm.

Doch Würzburgs Bischof, der hochwürd'ge Diener
Des Nazareners, der als Tugend preist:
Dem Feinde wohlzutun, gebeut, den Ketzer
Zu fahnden – weil der Priester weltlich Amt
Und ihr scheinheilig, gleisnerisches Wesen
Und Völlerei und Hochmut er verdammt.
Wie könnten wohl die herrschbegier'gen Priester,
Wie könnten sie wohl, denen es Beruf,
Das Volk zu lehren finstern Aberglauben
Als Wahrheit, offenbart von einem Gott,

Damit es sich stumpfsinnig unterwerfe
Dem Sklavendienste für der Kirche Macht;
Wie könnten dulden sie, dass nur ein Schimmer
Lebend'ger Wahrheit falle in die Nacht
Des traurig öden, schauervollen Grabes,
In das des Volkes Denken sie gesargt! –

      Ein Haufen Holz, um einen Pfahl geschichtet,
Erhebt sich vor des Bischofs Residenz.
Barfüßig, auf dem Haupt die Bischofsmütze,
Papieren und bemalt mit Teufelsspuk,
Geht steten Schritts den letzten Gang der Hirte,
Voran ein feister Pfaffe mit dem Kreuz,
An dem das Bild des Predigers der Liebe
Als der Erlösung heiliges Symbol.

      Das Wort, das Christus einst am Kreuz gesprochen:
„Vergib, o Vater, ihnen, was sie tun,"
Es findet keinen Widerhall im Herzen
Des Priesters, der das Urteil ihm verliest.
Zum Scheiterhaufen schleppt die Schar der Schergen
Den Ketzer und Rebellen, fesselt ihn
Fest an den Pfahl, der Henker schwingt die Fackel,
Die Flammen lodern prasselnd himmelan
Und lecken gierig, wie mit tausend Zungen,
Gefräßig, wie der Hölle Glutenpfuhl,
Auf nach des Opfers Haupt mit Herzen.
Indes die Priester, jedes Mitleids bar
Erfüllt von Rachsucht, ihrem Gott des Zornes
In Liedern künden, dass zu seiner Ehr'
Ein Menschenleben jetzt vernichtet werde.

>>

Ein Gott, des Rachedurst und Eifersucht
Nur durch das Blut der Menschen ist zu sühnen,
Die er nach seinem eig'nen Ich geformt,
Die Abba flehen, die er Kinder nennet
Und doch zur Sünde schon voraus bestimmt;
Ein Gott, der rächen will der Väter Sünden
An ihren Kindern bis in's vierte Glied,
Der Völker würgt, weil nicht an ihn sie glauben,
Und eine Hölle schuf und ew'ge Pein
Für die, so ihn in andrer Form verehren,
Und dennoch nicht vermag, das eig'ne Wort
Zu fest'gen so, dass nur an ihm zu zweifeln
Unmöglich wär – fürwahr ein solcher Gott
Ist nur ein Schreckgespenst, erfunden
Von schurkischer Tyrannenbrut, die ihn
Geknetet aus dem Unverstand der Massen
Und ausgestattet mit dem eignen Fehl
Und Leidenschaften, Schwächen, Mängeln, Lastern.

Die Flammengluten hatten in Atome,
Unzählbar und unmessbar, aufgelöst
Den Leib des Märtyrers, und leise Abendlüfte,
Auf Schwingen, die aus Rosenduft gewebt,
Und mit der Abendsonne gold'nen Strahlen
Durchwirket, trugen sie hinaus in alle Welt,
Die Mutter aller Wesen wieder zu befruchten,
Aus deren zeugungsreichem Schoße sie entsprosst;
Und Perlentau, dem sterngeschmückten Schleier
Der Nacht entfallen, streut als Hochzeitsschmuck
Und segensreiche Morgengabe
Die Allerhalterin Natur
Auf Wald und Flur.

Am heil'gen Nikolaustage eilt in Strömen
Aus aller Herren Ländern Volk herbei
Mit Schwertern, Hellebarden, Äxten, Spießen,
So wie der Niklas Böheim es geheischt,
Zu brechen endlich mit der Macht der Waffen
Des Adels und der Pfaffen ehern Joch.
Da seh'n sie sich beraubt des einz'gen Führers
Und steh'n betäubt, unschlüssig was zu tun.

Mit heuchlerischen, salbungsvollen Phrasen
Betört der Bischof einen großen Tross
Des Bauernvolks, vom Haufen sich zu wenden
Und friedlich in die Heimat abzuzieh'n;
Den trotzig Harrenden, den wirft der Henker
Mit Hohngelächter, auf des Herrn Geheiß,
Den Schuh des Opfers christlich frommer Liebe
Als ihres Heiligen Vermächtnis zu,
Und Söldnerscharen schleudern auf die Ärmsten,
Gehetzt vom Bischof, wutentbrannt den Tod –
Das Blut der flücht'gen, rosszerstampften Bauern
Färbt ringsumher die Erde purpurrot.

War auch dem Volk der Schuh des armen Hirten
Gegeben nur zum Hohn, so nimmt's ihn doch
Als heil'gen Überrest, auf den es Rache
Und blutige Vergeltung schwört.
Gar bald taucht er als Zeichen der Empörung
Des Bauernvolks, als Bundschuh, wieder auf
Und prägt den Landen, die er racheschnaubend
Durchrast, die Spuren der Vernichtung ein.

Doch nicht dein Ohr soll deinem Geist die Taten
Der Vorzeit künden. Die Notwendigkeit,
Der Urquell alles Werdens und Vergehens,
Die jene Taten schuf, aus ihnen neu
Gestaltet das, was werden soll in Zukunft,
Kann nicht erfasst mit Sinnen werden, die
Vom spröden Stoff, aus dem die Organismen
Der Menschen aufgebaut; dein Geist soll schau'n!
D'rum lege ab die unbeholf'ne Hülle,
Dein Auge tauche in die Ewigkeit."

Kaum, dass ich so gewollt, wie er geboten,
So stand ich vor mir selbst, verwund'rungsvoll,
Und voll Erstaunen fragt' ich meine Sinne:
Das also bin im Menschenleben ich,
Das was auf jenem niedren Dreibein hocket?
Und ein Bedauern über dieses Ich
Beschlich mein geistig Sein. Doch nicht vergönnte
Der Wissensdurst die Zeit mir, dies Gebild
Mit krit'schem Auge lange zu betrachten.

Gar andre Rätsel, die noch ungelöst,
Ein Heer von bangen Zweifeln mir ihm Herzen
Heraufbeschworen, drängten vorwärts mich.
Der Flügelschlag des ew'gen Weltengeistes
Erfüllt mit Ahnungsschauern mein Gemüt,
Und Friedenshoffnung dämmt die wilden Stürme,
Die meine Seele auf des Lebens Meer
Erbarmungslos vom Anker losgerissen,
Den mir der Glaube bot an einen Gott.

Eh' noch verrauscht der Kindheit gold'ne Tage
Im toten Meere der Vergangenheit,
Lag mein Gemüt in ungetrübtem Traume
Von duft'gen Wundermärchen sanft umkränzt,
Gleich einem See, den Berge rings umgürten
Mit Matten, blumenreich zu Schutz und Schirm,
Der widerstrahlt die schnee'gen Federwölkchen,
Des Himmels Bläue und der Sterne Heer,
Wie sich ihr Bild auf seinem klaren Spiegel
In friedlich nächt'ger Stille senkt herab.

Doch als vom Knaben ich zum Jüngling reifte,
Da tobt' der Zweifel Sturm schon auf mich ein;
Wie wenn der Nordsturm hebt die mächt'gen Schwingen,
Und braust mit wildem Wutgeheul einher,
Verjagt die Herden weißer Himmels-Schäfchen
In wilde Flucht. – Der Sterne milde Pracht
Versinkt in Nacht. Wie aus des Orkus Rachen
Steigt auf am mitternächt'gen Horizont
Ein fahles, finsteres Gewölk und hüllet
In graus'ge Nacht das ganze Firmament;
Dann schleudert Blitz auf Blitz das Ungewitter
Dem Erdball zu, mit grässlichem Gebrüll,
Und zieht des Himmels übervolle Schleusen,
Die endlos, scheint es, Wasserfluten spei'n.
Mit dumpfem Grollen stöhnt darob die Erde,
Als ob in grimmem Zorne sie erbebt
Und bersten möcht' vor Wut ob solchen Frevels,
Des sich erkühnt das erdgebor'ne Heer.

Als endlich dann nach manchen bangen Stunden
Der Elemente Aufruhr sich gelegt,
Ist auch des Sees Frieden mitgeschwunden.
Der Berge blumenreiches Festgewand,
In Fetzen hat's im See sein Grab gefunden,
Der nach dem Sturm nur noch dem Chaos gleicht.
Und doch bracht' ihm der Sturm ein neues Leben.
Der Wogenschwall, den er in ihn ergoss,
Und all' die Trümmer, die er von den Felsen
Wirr durcheinander in den See gestürzt,
Sie gaben dessen aufgewühlten Wogen
Die Macht, zu brechen sich im Freiheitsdrang
Den Weg in's Land, um rastlos nun zu schaffen
An Werken zu der Menschheit Glück und Heil.
Noch ist der See vollständig nicht geläutert,
Doch quillt ihm Klarheit aus der Erde Schoß,
Und reges Leben bannt die träge Ruhe,
Von trügerischen Träumen reißt's ihn los.

Ist auch der Gottesglaube mir geschwunden,
Zerronnen auch so mancher süßer Traum;
Das neue Leben, das mir quillt im Wissen,
Das erst ist Leben, das des Lebens wert;
D'rum kehrt' ich, volle Wahrheit zu erlangen,
Zu meinem Gast; mein Auge fragt: was nun?
Er winket, und der niedern Arbeitsstube
Umfassungsmauern recken sich empor
Zur rauchgeschwärzten Decke, die auf Säulen
von Porphyr ruht als Kreuzgewölbe nun.

Die ausgetret'nen, astdurchwachs'nen Dielen,
Sie schwinden in Mosaik, und Friese, die
Des Herakliden Taten künden, zogen
Sich längs den hohen Marmorwänden hin.

    Der Decke Wölbung war mit Schildereien
Der Feste des Olympus reich geschmückt.
Die Lüfte, die in leichten, linden Wellen
Durch Bogenfenster wogten aus und ein,
Erfüllten das Gemach mit Melodien
Voll wunderlieblich süßer Harmonie.
Indes die Säulen immer höher streben,
Verliert die Wölbung sich im Azurblau,
Und rings mit Mauern, leicht wie Morgennebel
Im Glanz der Sonne schwinden, so auch sie.
Nun ballen unter uns sich Nebelmassen
Zu einer Wolke, undurchdringbar fest,
Und tragen uns zu unbegrenzter Ferne,
Die unerforschlich seit Äonen ruht
Mit dunklen Schwingen auf dem Äthermeer,
Das Leben spendend unsre Welt umwogt.
Vergang'ne Zeiten sind mir sonder Grenzen,
Vor meinen Augen sind sie Gegenwart;
Und staunend ob der Pracht, die mir zu Füßen
Entfaltet sich dem fessellosen Blick,
Verschlingen sich zu einem Lobgesange
Auf die Natur, die Spenderin des Glücks,
Das mich erfüllt, all' die Gedanken mein,
Von denen überschäumt mein geistig Sein.

Die Sonne küsst mit ros'gem Mund die Gipfel
Der Bergeshöhen leicht zum Morgengruß.
Als ob in holder Scham sie d'rob erröte,
Entsteigt sie purpurrot dem Meeresbett
In zücht'gem, goldbesäumten Morgenkleide;
Dann schmückt sie sich mit ihrem Diadem,
In dessen Strahlenglanz sich Welten baden,
Dem Zeichen ihrer ew'gen Majestät,
und senkt ihr segenspendend Auge nieder
Auf alle Kreatur mit gleicher Lieb'.
Die Täler lüften ihre Nebelschleier,
Zu schwelgen in der Sonne Liebesblick;
In ihrem Kelch kredenzen holde Blumen
Ein Tröpfchen Morgentau als Willkomm ihr,
Und in die Lüfte jubiliert die Lerche
Ihr dankerfülltes, fröhlich Morgenlied.

Im Tal, an waldumkrönten Rebenhügeln,
An reichen Feldern, Wiesen, Triften hin,
Wälzt seine schiffdurchfurchten Silberfluten
Ein breiter Strom, und bei der Wellen Tanz
Wirft neckisch er der Sonne Liebesblick,
Ganz Luft und Leben, tausendfach zurück.
O, dieses köstlich Stückchen Muttererde,
Es ist mein teures Heim im Sachsenland;
Gar wohl erkenn' ich es und doch erscheint es heute
So eigentümlich fremd mir. – Jene Ritterburg
Lag kürzlich noch in wettergrauen Trümmern,
Bemoost, zerklüftet und verschüttet halb,
Efeu umrankt den altersmorschen Söller.

Hab' manchen schönen Traum auf ihm geträumt
Von duft'gen Elfen, schilfbekränzten Nixen;
Von süßem Minnesang und Lautenspiel,
Vom Edelfräulein auf dem schlanken Zelter[9],
Bei Sternenglanz in stiller Sommernacht.
Doch hier, im breiten Tal, die heil'ge Stätte,
Wo ich anbetend fast, vor jenem Weibe stand,
Das Sanzio's[10] Meisterhand geschaffen,
Wo find ich sie? – Wie? sollte jener Ort
Mit Gräben, Wällen, Trotzern und Basteien
Es sein? – Mein liebes teures Elbflorenz?

Wie rinnt die Zeit so schnell an mir vorüber,
Was eben blüht in Maienpracht, erscheint
Im Sommerschmuck im nächsten Augenblicke,
Und kaum erschaut, so schwindet auch dies Bild,
Und aus vergilbtem Laub webt sich die Zeit
Ein tausendfarbig schimmernd Erntekleid.

Da schallen fernher wucht'ge Hammerschläge
Zu Ohren mir, schnell sucht mein Blick das Ziel,
Zu dem das Ohr die Richtung ihm gegeben;
Entlang der Elbe Ufer gleitet er.
In Wittenberg, dort vor dem Kirchentore,
Den Hammer noch in hocherhob'ner Hand,
Mit dem die Thesen er daran geschlagen,
Steht Martin Luther, tieferregt, doch stolz,
Als hätt' aus ihren Fugen er gehoben
Die Welt mit einem einz'gen, mächt'gen Ruck.

---

9   Damenreitpferd, im Passgang
10 Raffael

Scheu weicht das Volk zurück; denn solch Erkühnen
Scheint Frevel ihm am Heiligtum, doch bald
Ermannt es sich und jauchzt dem Helden Beifall
Und preiset ihn ob seiner kühnen Tat
Der Rettung aus der Kirche Sklavenbanden,
Des Aberglaubens und der Tyrannei.

Die Schalleswellen dieser Hammerschläge,
In immer weitern Kreisen fluten sie
Dahin durch's Land, und nicht der Alpen Firnen,
An denen mächtig brandend sie empor
Sich bäumen, sind vermögend sie zu dämmen,
Und unaufhaltsam tobt der Wogenschwall
Zur ew'gen Stadt, die einst mit Blut und Eisen
Die Welt beherrscht', mit eh'rnen Ketten jetzt
Den Geist der freien Forschung möcht' erdrosseln.
Dort thront auf altersschwachem, morschem Stuhl,
Den geistige Kretinen gläubig ehren,
Als ihrer Kirche Fels, ein alter Mann,
Geschmückt das Haupt mit goldener Tiara,
Dreifält'ger Herrschaft schimmerndem Symbol –
Der Herrschaft, ob der Seelen, die auf Erden,
Im Fegefeuer und im Himmel sind –
Als heil'gem, unfehlbarem Prokuristen
Der Santa Trinitas, für welches Haus
Er eifrigst debitiert Versicherungs-Scheine
Auf ew'ges Seelenheil. Für alle Sünden,
Die schon begangen oder noch zu tun,
Fließt Gold in Fülle ihm; doch seine Hände,
Unfehlbar, wie der Danaiden Fass,
Verschlemmen es in wüsten Bacchanalien.
Da schäumen jene zorngestäubten Wogen

Heran zu seinem Sitz. Der Vatikan
Erbebt im Grunde, namenloser Schrecken
Erfasst der Kirche sichtbar Oberhaupt,
Und racherfüllt erlässt der Papst die Bulle
Exorge domine, den Ketzer dort
In Wittenberg auf ewig zu vernichten,
Des starker Geist entfesselte den Strom.

    Doch kaum noch ist dem angstverzerrten Munde
Des Gottvertreters jener Fluch entfloh'n,
So tönen neue, nie vernomm'ne Worte
Zu Ohren ihm. Ein deutscher Rittersmann
Führt mit der Feder wucht'ge Schwerteshiebe;
Jacta est alea! so ruft er laut
Und geißelt Roma's Trug, Gewalt und Lüge,
Das oben Menschenantlitz, Brust und Leib
Von einer Jungfrau sei hin bis zum Schoße,
Doch unten eines gräul'gen Fisches Schwanz.
Es ist der Hutten; unter seinen Streichen
Krümmt sich der Pontifex[11] auf seinem Thron.

[...]

    Doch nicht nur ihm allein droht die Vernichtung,
Sie droht der Tyrannei in jeder Form.
Ein Recke, wie noch keiner so gewaltig,
Erhebt das Haupt, jedwedes Sklavenjoch
Zu schleudern von dem sehnig-starken Nacken.
Und ob des grimmen Recken Schlachtenruf
Erzittern Berge und die Felsen beben;

---

11 Im Original: Pontifax

>>

Und doch ist menschlich-edel dieser Ruf –
Gerechtigkeit! So schallt er durch die Lande.
Ha, wie das einz'ge Wort die Wangen bleicht
Der Sippe, die sich dünket bessern Blutes
Als jenes Bauernvolk, von ihr beherrscht,
Das jetzt an seiner Knechtschaft Ketten rüttelt.
Zu hellen Haufen sammelt sich das Volk,
Hier trägt den Bundschuh es auf seiner Fahne,
Die dort der Arme Konrad ist genannt.
Ha! Auch die rote Fahne seh' ich wehen
Zum ersten Mal im deutschen Vaterland;
Hurra! Das ist der Bruderliebe Zeichen,
Das Zeichen ist's der roten Republik! –

Was braut die Nacht in jenen Felsenklüften,
Abseits von Allem, was das Leben beut,
So schauervoll wie jener Hölle Pforten,
Die Pfaffentrug der Welt zum Schrecken schuf?
Vom fahlen Mondenlicht matt übergossen,
Das scheu sich durch den Wolkenschleier bricht,
Schau'n diese öden, sturmzerwühlten Klippen
Wie Hüter, schreckgeboren, schauervoll,
Die Unheil brütend jene Stätte schirmen,
Allwo die Sünde stets sich neu gebiert.

Das Bächlein, das aus moosgesäumtem Spalte
So kindlich froh der Welt entgegen lacht
Und sorglos tändelnd sich mit weichen Algen
Des Bettchens bunte Kiesel überwebt,
Das wohl die Schauerstätte könnte mildern,
Wird von den Ungetümen wild umfasst
Und in den finstern Schlund hinabgeschleudert,

Dass es gar jämmerlich zerschellt zu Staub.
Sein Wimmern ist das einz'ge Lebenszeichen,
Das sonst in dieser Öde wird gehört;
Doch jetzt ertönen leise Menschenstimmen
Zu mir herauf aus diesem Höllenschlund.
Nichts Gutes kann geplant allda wohl werden,
Das Gute scheuet nicht der Sonne Licht.
Schon recht! Da schleicht ein finstrer Priester,
Gleich einer Schlange, durch das Farrenkraut –
Wo Pfaffen nachts hin ihre Schritte lenken,
Da thront die Wahrheit und die Tugend kaum.

Tief in der Schlucht wildblickende Gestalten,
Zerlumpt und bleich, von Gram und Leid erfüllt,
Als ob die Not leibhaftig sei erschienen.
Sie flüstern leise, ihre Augen glüh'n,
Als wollten selbst die Felsen sie durchdringen,
Zum Tor der Schlucht hin durch die Finsternis.
Jetzt naht der Pfaffe, seine Augen funkeln
Und sprühen wie der Irrwisch auf dem Moor.
„Der Arme Konrad beut euch Gruß, ihr Brüder."
Wie doch – nicht mehr: Gelobt sei Jesus Christ?

Doch horch:
„Dank, Brüder, Dank für eure Treue,
Die hier bewährt in fährnisreicher Zeit,
Nun merket auf, was euch mein Mund jetzt kündet,
Und traget es hinaus in alle Welt.
Die Fürsten, Herren sind des argen Wuchers,
Der Diebereien und des Raubes Grund.
Sie nahmen alle Kreatur zu eigen,
Von vornherein, die Vögel in der Luft

>>

Die Fisch' im Wasser, alles Grün der Erden;
Nun pred'gen sie den Armen das Gebot:
Du sollst nicht stehlen, während sie doch selber
Sich nehmen, was und wo sie's finden nur,
Und schaben, schinden Bauersmann und Bürger,
Dieweil von Gottes Gnaden dies ihr Recht.
So aber dieser einer stiehlt, ist sicher
Der Galgen und das Rad sein Los.

D'rum sagt der Thomas Münzer mit dem Hammer:
Macht weit das Loch, dass alle Welt mag schau'n,
Was uns're großen Haufen sind, die haben
Gott zum gemalten Männlein sich gemacht.
Darum so streiten wir, denn wunderbarlich
Zum Untergange dieser ist der Sinn.
Die Zeit ist kommen, dass erfüllet werde
Schon hier das tausendjähr'ge Gottesreich,
Wo keiner herrscht, denn nur gemeiner Wille,
So von dem Volk erhoben zum Gesetz,
Und männiglich sich füget diesem Willen;
Wo keine Knechtschaft und Leibeigenschaft,
Wo keine Fürsten, Grafen und Barone,
Wo keine heuchlerische Pfaffenzunft,
Wo keine Herrschaft Eines über And're
Durch Geld und Gut, Gewalt und Vorrecht mehr,
Wo Alles Allen und ein Recht am Leben,
Wo Tugend walten wird um ihrer selbst.
Doch dürf't die Hände ihr jetzund nicht betten
Erwartungsvoll, untätig in den Schoß,
Als ob das Gottesreich sich selbst erfülle –
Den Mutigen allein gehört die Welt.

D'rum eilet schnell hinaus in alle Lande,
Von Haus zu Hause und von Ort zu Ort,
In jede Hütte, jede Werkstatt dringet,
Den Aufruhr predigt heimlich früh und spat,
Sprecht von der Zeit des ird'schen Weltgerichtes,
Das nah gekommen, füllt mit grimmem Hass
All' was im Schweiße seines Angesichts
Am Hungertuche nagt. Ohn' Unterlass
Schürt an der Leidenschaften Feuer; wühlet
Dem Maulwurf gleich, im Dunkel erst der Nacht;
Denn gar zu lange schwere Zeit schon fühlet
Das Volk des Adels und der Pfaffen Macht,
Dass offen es sofort könnt' rebellieren.

Trag't Waffen heimlich an verborg'nen Ort;
Vor allem baut auf die, so zu verlieren
Auf Erden nichts. Nun, Brüder, eilet fort;
Wenn dann die Zeit zu off'ner Tat gekommen,
Dann ruf' ich euch zum heil'gen Kampf zuhauf.
Und wenn den Schlachtenruf ihr habt vernommen,
Dann brecht mit den geworb'nen Horden auf,
Mit Schwert und Feuer endlich auszurotten
Die so euch ehr- und rechtlos auch gemacht,
Die eures Elends, eurer Not noch spotten;
Sie sind in Volkes Bann und Aberacht!
Hier, auf des Bundes weihevolles Zeichen,
Die rote Fahne, schwöret Tod der Not
Und Untergang den räuberischen Reichen,
Dem Bunde aber Treue bis zum Tod."

Sie schwören alle, und dann speit die Pforte
Der Höllenschlucht aus die Rebellenschar.
Und jener Priester ist der Thomas Münzer?
Warum nur hüllt er sich in Nacht und Graus?
Warum nicht steht er zu dem wackern Streiter,
Dem Martin Luther, der am hellen Tag
Und vor den Augen aller seine Lehren
Verkündet? Warum brütet Aufruhr er
Mit ungebildet, rohem, wüstem Volke?

O, wende dich, mein Blick, zu jener Stadt,
Wo Roma's Macht durch Wissenschaft gebrochen
Der Augustiner-Mönch; denn hat auch Recht
Der Münzer voll und ganz im Streben
Nach Gleichheit und Gerechtigkeit, so doch
Ist es kein Recht, die wilden Leidenschaften
Zu wühlen auf zu blut'gem Rachedurst –
Die Bestie zu entfesseln. Darum eilet,
Ihr Aug' und Ohren mein, der Freiheit Hort,
Der Wahrheit echten Helden aufzusuchen,
Dann findet Ruhe mein gepresstes Herz.

Dort steht er! Doch wo sind die edlen Züge,
Die jüngst sein Heldenantlitz so verklärt?
Wo ist die hoheitsvolle Manneswürde,
Die ihn umstrahlte, als der Flammen Glut
Auf off'nem Markt er übergab die Bulle
Des Papstes, die belegt ihn mit dem Bann?
Jetzt trieft sein Auge Hass, sein Mund schäumt Flüche,
Die Sprache wälzt sich gleich der Säu im Pfuhl.
Jedwedes Wort, entströmend seinen Lippen,
Es ist in Gift und Galle erst getaucht,

Ein Fußtritt ist's der Armut in die Weichen,
Verrat ist es am eig'nen Fleisch und Blut.

   War je ein Mensch vom bösen Geist besessen,
So ist es der. Horch, wie er eben keift:
„Die Bauern soll man würgen und zerschmeißen,
Und stechen, heimlich, öffentlich, wer kann;
Totschlagen soll man sie wie tolle Hunde.
Würgt sie, und geht ihr d'rüber tot, wohl euch,
Ein seligerer Tod kann euch nicht kommen.
D'rum, liebe Herrn, lost hie und rettet da.
Der weise Mann, er saget; cibus, onus
Et virgam asino![12] In einen Bauern
Gehöret Haberstroh. Sie hören nicht,
Gebärden sich unsinnig, darum müssen
Die Birgam sie, die Büchse hören, und
Geschieht ihnen recht. Sie sollen bitten!"

   Und das ist eines armes Bergmanns Sohn!
O, welch' ein Schmerz durchzuckt ob solcher Worte
Die Seele mir, hätt' ich sie nie gehört!
Mein Glaube an die Menschheit ist geschwunden,
Für immer – nein! Ach nein! Die Hoffnung lebt
Noch fort in mir, und nie wird sie zuschanden.
Frisch auf, mein Geist, schau' nach der Ebernburg,
Der Herberg' der Gerechtigkeit, dort waltet
Ein edler Wirt und weilt ein edler Gast:
Der Ulrich Hutten mit der schneid'gen Feder,
Bei Franz Sickingen, dem scharfen Schwert.

---

12 Der Esel braucht Futter, Bürde und Stockschläge, Birgam ist Büchse – Fr.
   zitiert hier aus einem Brief Luthers an Rükel.

Sie sind von hoher Bildung, tapfern Herzens,
Sie werden treuer zu dem Volke steh'n.

Auch sie nicht! Auch der Götz von Berlichingen,
Auch er nur, weil gezwungen er vom Volk?
Nun denn, o Münzer, dir gebührt die Ehre,
Du bist der Mann vom echten Schrot und Korn;
Jetzt erst erkenn' ich das; denn feile Paffen
Und Fälscher der Geschichte lehrten mich,
In dir den roh'sten Barbarismus hassen,
Mit deinem Namen trieb man Hohn und Spott.
Blutgierig Scheusal, das dem Pöbel schmeichelt,
Um selbst zu herrschen nach Tyrannenart,
Das sich den Geist der Prophetie erlogen;
Das Alles warf man frech dir in den Bart. –

Wenn alle die, so auf des Lebens Höhe,
Mit Unrat sich besudeln, Ehr' und Pflicht
Vergessen, um des eitlen Ruhmes willen,
Den Herrscher spenden ihrem Schmeichler-Heer
Für hündisch Ducken, Kriechen vor den Obern,
Und für die Knechtung des gemeinen Manns,
Dann darf man Recht und Wahrheit nur noch suchen
Bei denen, die des Rechtes man beraubt.

Wenn man die Wahrheit zum Verbrechen stempelt,
Die Menschenliebe höhnend schlägt an's Kreuz,
Die Tugend schmachvoll kettet an den Pranger,
Die Wissenschaft zur feilen Metze wird,
Sich Rohheit im Gewand der Sitte spreizet,
Verrat und Freiheit man als Tugend preist,
Die Felonie beschließet die Gesetze

Und Schurkerei im Rat der Richter sitzt,
Kann nicht die Nemesis im Licht des Tages
Streng ihres Amtes walten, muss in Nacht
Und Heimlichkeit sie wirken und auf Wegen,
Die sonst betreten nur des Räubers Fuß,
Und schleichend nur ihr hohes Ziel verfolgen,
Die Furien treiben zum Vergeltungs-Akt.

Der Funken, den geschleudert in die Herzen
Des Bauernvolkes Thomas Münzer dort,
Jetzt lodert er in mächt'gen Flammengarben
Zum Himmel auf; die nächt'gen Wolken taucht,
Als ob der Freiheit Morgenrot sie goldet,
Er in ein unbegrenztes Purpurmeer.
Die Berg' und Felsen sind die Hochaltare,
Die Burgen d'rauf die Opfer, die das Volk
In seinem gotterhab'nen Zorne weihet
Der Gleichheit, Freiheit, Allgerechtigkeit.

Die Flammenzeichen blitzen durch die Lande,
Zu rufen wach, all' was sich bäumt im Joch;
Ein Flammenruf ist es, wie wohl noch nimmer
So leuchtend einer an das Volk erging.
Und dennoch folgt es nur vereinzelt, zögernd
Und hie und da, indes die Masse stumpf
Und jeder Tatkraft bar, sich sklavisch beuget
Der Obrigkeit, die ja von Gott gesetzt,
Auf dass durch Schinden sie den Untertanen
Das Anrecht auf das Himmelreich erwirbt.

Ja, statt mit ihren wackern Leidensbrüdern
Zu steh'n gemeinsam gegen ihre Herrn,
Verdingen sie den Henkern sich zu Knechten,
Zu streiten gegen die, so steh'n für sie.
Das ist der Pöbel! Keine Hochgefühle
Trägt er im Busen; seines Herzens Sinn
Ist feige Demut, Hundemut! Er lecket
Den Fuß, der ihn getreten, und er beißt,
Wird er gehetzt, sich in den eig'nen Steiß.

Bei Frankenhausen liegen wilde Scharen,
In zween Lager abgeteilt, im Schlaf;
Nur hie und da steht, auf die Arquebuse[13]
Voll ernsten Sinns gelehnt, ein Mann auf Wacht.
Ein gold'ner Maienmorgen zieht den Schleier
Mit ros'ger Hand zurück, in den die Nacht
Die Fluren eingehüllt, und Freudenzähren
An jedem Hälmchen, kaum erschloss'nen Blatt
Erzittern sehnsuchtsvoll dem ersten Blick entgegen,
Der aus dem Himmelsauge niederlacht.

Das ist das Evangelium, das ewig
Und glücksverheißend aller Welt zuruft:
Kommt alle, die mühselig und beladen,
Kommt, kommt zu mir, mein reichbesetzter Tisch
Wird alle, ohne Unterschied, erquicken.
Gebt Frieden! denn für jedes Menschenkind
Biet' ich in Fülle, was zum Glück ihm Not.
Die Lerche steigt vom Feld hinauf zum Himmel
Und schmettert Freudenlieder in die Luft;

---

13 Hakenbüchse, ein Vorderlader des 15./16. Jahrhunderts

Die Amsel singt im Busche Friedenshymnen,
Und alle Kreatur stimmt jubelnd ein.

Da wogt auf wilderregten Ätherwellen
Ein dumpfes Donnerrollen mir zum Ohr;
Ein Weckruf ist's, gebrüllt von der Kartaune[14].
Und plötzlich, wie durch Zauberschlag,
Regt sich's in beiden Lagern; abgestreifet
Ist aller Schlaf, es greift zur blut'gen Wehr
Die Hand, die eben noch im Schlafe stützte
Das Haupt, das süß geträumt von Weib und Kind.
Der Führer Ruf, die Trommeln und Drommeten,
Wirr durcheinander lärmen sie im Chor.

Dort drüben steht, gehüllt in Eisenpanzer
Und helmbedeckt der Fürsten Söldnerschaar,
Mit Flamberg, Partisanen[15], Arquebusen,
Mit Pfeil und Bogen auch bewehrt zum Streit,
Und Ritter, hoch zu Ross, mit breitem Schwerte,
Mit Schild und Lanze, harren auf den Kampf.
Da tritt ein Priester aus dem Zelt der Fürsten,
Die folgen ihm, und rings in weitem Kreis
Wird eine Stille, dass des Laubes Beben
Vom Fall des Morgentaus man weithin hört.
Nun hebt er an zu singen, und im Chorus
Fällt ein das Heer. Ein Lied ist es zu Gott;

---

14 Vorderlader-Geschütz
15 Flamberg: beidhändig geführtes Schwert; Partisanen: spießartige Stoßwaffen

D'rin bitten sie, er möge ihre Feinde
In ihre Hände geben, ihm zur Ehr';
Dann fallen auf die Knie sie, um knieend
Den Segen zu empfah'n zum Brudermord.

Kann wohl die Menschheit jemals glücklich werden,
So lang' der Aberglaube das Gemüt
Beherrscht und die Vernunft er schlägt in Banden?
O nimmermehr!   Der Aberglaube ist
Das Werkzeug in der Hand der Unterdrücker
Auf jeglichem Gebiete immerdar!

Hier steht die Knappschaft, die dem Eingeweide
Der Erde kaum entfloh'n, mit breiter Axt,
Bereit, im nächsten Augenblick die Grube
Zu fahren an auf Nimmerwiederkehr,
Und Bauernvolk, gedengelt scharf die Sensen,
Und arme Bürgersleut' mit Morgenstern[16]
Und was nur sonst noch dient als Kriegeswehr.

Inmitten dieses Haufens steht der Münzer,
In weitem Mantel eingehüllt; die Faust
Wie Eisenklammern um den Stab der Fahne
Geballt, und weithin seine Stimme schallt;
„Dort stehen eure Henker und die Schergen;
Schlagt ihr sie nicht, ist Tod durch Henkershand
Das Los, das euch ereilt, und Schimpf und Schande!
Sie haben eure Bräute, eure Frau'n
Geschändet, um die Habe euch bestohlen!
Wohlan! was blieb von diesem Leben euch,

---

16 Schlagwaffe, mit Dornen besetzt

Das ihr des Lebens wert erachten möget?
D'rum auf zum Kampf; es winkt ein hoher Preis:
Freiheit und Glück für Kind und Kindeskinder!"

Kaum dass verklungen noch des Führers Wort,
So braust der Schlachtenruf durch ihre Reihen.
Voran den Münzer, stürmt die tapf're Schar
Los auf den Feind. Ha, welch' ein Drängen, Stürmen!
Der erste an den Feind möcht' jeder sein.
Wie wenn die Springflut in die Marken
Geschleudert wurde vom wütenden Orkan
Und Alles, was im Weg ihr, wirft darnieder,
Wie Kartenhäuser durch des Kindes Hauch,
So wälzen sich vernichtungsvoll die Scharen
Entgegen stracks dem eisernen Koloss;
Doch brandend staut sich dort die Menschenwoge
Mann gegen Mann hebt an der Brudermord,
Und hochauf spritzt das Blut gespalt'ner Schädel
Und wilde Flüche, grauses Wutgeheul
Und Jammerrufe füllen rings die Lüfte;
Kartaunen schleudern blitzend Massenmord;
Die Erde bebt, als ob in ihrem Innern
Die Elemente führten gleichen Kampf,
Mit gleicher Wut einander zu vernichten.
Jetzt wankt der Fürsten Heer – Glück auf! Glück auf!
D'rauf! d'rauf! es gilt, den letzten Streich zu führen;
Für immer ist besiegt die Tyrannei! – –

O, armes Herz, zu früh hast du gejubelt.
Dort naht sich eine neue Bürgerschar. –
Zurück! zurück! Umsonst ist euer Streben;
Sucht Rettung! Nein, hier kommt ein anderer Hauf',
Der stößt zu euch, um Hilfe euch zu bringen!
Ha! Grün und Weiß! Nicht Freunde sind's! nein, nein!
– Wie liebte ehedem ich doch die Farben,
Zu ihrem Preis' manch' glühend' Lied ich sang;
Doch jetzt erfüllen sie mein Herz mit Ekel;
Denn schmählich sind beschmutzt sie nun mit Blut,
Mit Bruderblut! – und alle Erdenwässer,
Sie tilgen's nimmermehr, es klebt so fest,
Wie Sündenlast am menschlichen Gewissen. –
Jetzt sind sie rings umschlossen von dem Feind,
Die kühnen Kämpen für die Menschenrechte. –
Kein Ausweg mehr. – Wie wird es euch ergeh'n! –

Der Münzer steht noch fest, ein starrer Felsen,
Um dessen Scheitel wild der Nordsturm heult,
Weil Blitz und Donner ihn nicht fällen können.
Sein Auge glüht, sein Arm führt Schlag auf Schlag,
Und jeder Schlag eröffnet eine Pforte
In Feindesschädeln für den bleichen Tod.
Und rings um ihn türmt sich ein Wall von Leichen
Zum Altar, d'ran er seine Messe liest,
Doch auch die Brüder liegen, wie Getreideschwaden,
In langen Reih'n auf blutgedüngtem Feld,
Und immer kleiner wird das Häuflein Streiter;
Der stärksten Sehnen Spannkraft ist erschlafft.
Selbst Münzer kann das Schwert kaum noch heben,
Denn allzulange währt das Morden schon;
Noch einen Feind er tötet, Raum zu schaffen,

Die Brust zu stürzen in das eig'ne Schwert;
Doch ach, sein Fuß, er gleitet aus im Blute
Der Feinde, und am Boden wehrlos liegt
Der Held, wie keinen je noch trug die Erde.

Ich sah uralte Eichen fällen einst;
Wenn sie der scharfen Schläge letzte trafen,
Dann war's als ob sie staunend schauten um,
Was denn geschehen, das sie ließ erzittern,
Als ob sie erst besännen sich, ob sie
Auch fallen dürften, und wenn dann sie krachend
Zu Boden stürzten und sich Ast um Ast
Tief in den Boden jener Stätte wühlten,
Wo sie Jahrhunderte hindurch getrotzt
Der Elemente Macht, sich festzuklammern,
Dann schlich ein tiefes Weh mir durch das Herz;
Doch jetzt, da dieser Riesenstamm, der, trotzend
Auf angebor'nes Recht, der ganzen Macht,
Die tausendjähriges Unrecht großgesäuget,
Es fassen kann, dass wirklich er gefallen;
Da ich dies staunenvollen Auges seh',
Krampft, sich verblutend, mir das Herz zusammen
In Grimm und Zorn und nie geahnter Pein.

Dort schleppen hin den Helden sie zum Blocke,
Doch nicht um ihn zu morden jetzt schon, nein!
Der Mitgefang'nen Häupter, wie sie rollen,
Vom Rumpf gemäht vom Henker, in den Sand,
Das soll er schau'n, auf dass die Furcht ihn packe,
Damit er um sein Leben bettle feig;
Gebrochen wollen sie den Helden sehen.
Doch solch ein Herz erzittert nimmermehr!

Verachtung seinen Henkern blitzt sein Auge,
Und auch nicht eine Wimper zuckt in Furcht.
Als nun die Kampfgenossen abgeschlachtet,
Naht sich ein Pfaffe ihm mit Kruzifix
Und Bibelbuch und salbungsvollen Reden
Von Tod und Hölle und der Ewigkeit,
Vom Weltgericht und von der Gnade Gottes.

Da ruft der Rachgier Opfer zornentbrannt:
„Fort, hebe dich von mir, du feiler Priester,
Erbärmlicher, scheinheiliger Augur,
Der selbst nicht glaubt, was seine Lippen schwätzen;
Verbitt're mir die letzte Stunde nicht.
Wenn so die Menschheit glücklich wird auf Erden,
Und endlich wird sie's doch, trotz alledem,
Dann nicht durch euch, denn um der Erde Freuden
Betrügt ihr sie, auf hoher Herrn Geheiß.
Um mit den Herr'n die Beute dann zu teilen,
Und, dass sie's nimmer merke, lüget ihr
Ein Jenseits, wo in Herrlichkeit und Freuden
Der Arme lebt, indes der reiche Mann
Für seine Freuden, die er hier genossen,
Dort brennen soll in ew'gem Schwefelpfuhl;
Des lacht der Reiche heimlich sich in's Fäustchen,
Schwelgt fort, dieweil der Arme gläubig darbt.
Im Eigentum, das durch Gewalt errungen,
Da sitzt der Teufel, der die Sünde heckt,
Der rastlos treibt die Menschen zum Verbrechen
An Leib und Gut, um mit Gewalt und List
Zu herrschen über Menschen, Länder, Meere
Und allem, was da wächst und fleucht und kreucht.
D'rum, angesichts des Todes, will ich künden:

Nicht gibt's ein Jenseits, Höll und Himmel nicht!
Es soll der Mensch die Welt zum Himmel machen,
Und Jeder soll des Andern Engel sein.
Nun, Henker, komm und walte deines Amtes;
Nicht zittern sollst du, weil mein Haupt gesalbt;
Ein Trug ja nur ist auch die Priesterweihe,
Das Volk zu blenden; sonst hat's keinen Zweck.

Hat vor der Ewigkeit Furcht dein Gewissen?
Nein! Nein! Du weißt es, nur ein einz'ger Streich,
Und ausgelöscht für immer ist das Leben!
Für immer? Nein! Was ich gesonnen, lebt
So lange Menschen atmen auf der Erde.
Lebt auch die Seele nicht, so doch der Stoff
Und der Gedanke, der durch ihn geboren
In Selbsterzeugung. Es ist keine Kraft,
Die außer ihm. D'rum, auf des Lebens Grenze,
Die wahrlich nicht verleiten kann zum Spott,
Ruf' in die Welt ich es: Es ist kein Gott!"

Da blitzt das Beil – ein Schlag – ein dumpfer Fall,
Und – o mein Kopf! Wo bin ich? Welch' ein Schall?
Der Schuh zu Füßen mir? Ich fass' es kaum!
Das war ein langer, banger, schwerer Traum!

Kapuzinerpredigt des Herrn Harkort

Heisa, Juchheia! Dudeldumdei,[17]
Das geht ja hoch her, bin auch dabei;
Seid ihr Arbeiter voll Zucht und Sitte?
Oder seid ihr aus der siebenten Bitte?[18]
Treibt ihr mit euren Herren Hohn und Spott,
Als sei der Bourgeois ein rechter Hundsfott,
Hätte's Herz in den Hosen und könnt' euch nicht ducken?
Was sind das für sozialistische Mucken?
Salus populi suprema lex.[19]
Gilt uns nicht mehr als ein Klex.
Hier heißt's: Ora et labora cum Deo![20]

Sagt nicht der Professor Leo:
Ihr seid skrofulöses Gesindel!
Ihr seid verwahrlost schon in der Windel!
Ihr seid verurteilt, bis zur Bahre
Zu bleiben eine lebendige Ware!
Was steht ihr und leget die Händ' in den Schoß?
Ist denn bei euch der Teufel los?
Habt ihr darum das Koalitionsrecht gekriegt,
Damit ihr eure Brotherrn besiegt?

---

17 Zeitgenössische Namen: Friedrich Harkort (1793-1880), sozialpolitisch fort-schrittlicher Industrieller, „Vater des Ruhrgebiets", Reichstag; Heinrich Leo (1799-1878), erzreaktionärer Historiker, preuß. Herrenhaus; Frédéric Bastiat (1801-50), franz. Marktwirtschaftler und Freihändler; Hermann Schulze-Delitzsch (1808-1887), liberaler Sozialreformer, einer der Gründerväter des deutschen Genossenschaftswesens, Reichstag; Max Hirsch (1832-1905), liberal-fortschrittlicher Mitbegründer der Gewerkvereine, Reichstag, zusammen mit Franz Duncker (1822-1888), linksliberaler Sozialreformer, Verleger von F. Lassalle, K. Marx und Fr. Engels.
18 7. Gebot: Du sollst nicht stehlen.
19 Das Wohl des Volkes ist das höchste Gesetz
20 Bete und arbeite mit Gott

Es schwebt, wie der Stein im Tartarus
Über dem schmachtenden Tantalus,
Über euch, wenn ihr euch frech wollt laben
Gleich uns mit Wollust an irdischen Gaben!
Da liegen die Bergleut' und jubilieren,
Statt in der Grube das Fäustel zu führen.
Sie saufen und schlampen
Und fressen und pampen,
Sie lungern und bummeln,
Anstatt sich zu tummeln
Bei Tag und bei Nacht
Im finsteren Schacht;
Es putzen ihre Weiber
Heraus ihre Leiber
Wie anständ'ge Frauen,
Dieweil sich die unsern wie eitele Pfauen,
Um sich vom Plebse zu unterscheiden,
G'rad' wie die Demimonde müssen kleiden.
Vergesst ihr denn ganz, ihr heillosen Buben,
Dass aller Gewinn, den uns bringen die Gruben,
Nichts ist als eitel „Entbehrungslohn"?
Ja, lacht nur! Euer Spott und Hohn
Soll sich noch wenden in Lamentieren,
Wenn ihr werdet das Zuchthaus zieren.

Voll Scham steht Jungfer Germania
Mit schlotternden Knien wie ein Wechselbalg da,
Heult: „Was soll denn werden aus Alldeutschland?"
Ist's nicht eine wahre Affenschand'!
Kaum habt ihr's geschaffen
Mit blutigen Waffen,
Wollt ihr es auch wieder ruinieren
Und am Ende wohl gar die Republik proklamieren?
Ich frage zum Teufel, seid ihr denn Christen?
Nein, ihr seid höllische Sozialisten!
Seid revolutionäre Demokraten,
Der Teufel wird euch in der Hölle braten.
Denkt ihr, ihr kämet in Abrahams Schoß?
Der Irrtum ist wahrlich so dick als groß.
Sankt Bastiat und Schulze, Max Hirsch und Franz Duncker
Verbrüdern sich lieber mit Pfaffen und Junker,
Als dass sie ließen im Stich ihre Sippe;
Und wisset, es lockt nur der Pfaffen Lippe
Den goldenen Schlüssel zum Himmelstor
Aus der Hose des heiligen Peter hervor;
D'rum marsch in die Erde, hinab zu den Kohlen;
Was soll denn alles das Grölen und Johlen,
Das Faseln von Menschenwürde und Recht?
Wir sind die Herren, der Plebs ist der Knecht.
Und wenn ihr verhungert bei Arbeit und Mühen,
Und wenn wir das Fell über die Ohren euch ziehen,
Und wenn wir euch Männer zum Hahnrei machen,
Eure Töchter verführen, zu Buhldirnen machen,
Was ist es denn weiter, ein kleines Vergnügen,
Wir teilen's mit euch, denn ihr dürft ja wiegen
Den Bastard, den wir, wie der Kuckuck sein Ei,
In's Nest euch gelegt. Singt Eia popei!

Das jus primae noctis [21] einfältige Narren,
Was habt ihr im Kopfe für dämliche Sparren,
Das, glaubt ihr, weil's nicht im Gesetze mehr steht,
Sei auch nicht mehr gültig? Ei wisst nur, es dreht
Jedwedem Gesetze die wächserne Nase
Der Geldsack, die Freundschaft und Vetter und Base.

    Sagt Pater peccavi! [22] Zu Kreuze kriecht!
Und wenn ihr euch mit mehr Arbeit begnügt,
Verkürzen wir gern noch die alte Löhnung
Und reichen euch die Hand zur Versöhnung.
Entzieht eure Ohren den Agitatoren,
Sie lauern auf Beute, diese Alligatoren.
Sie wollen von euren Groschen sich mästen
Und haben euch schließlich doch nur zum Besten;
Sie ziehen im Lande `rum wie die Propheten
Und wollen uns kürzen die paar Moneten,
Die wir uns so sauer erworben mit Faulenzen.
Sie wollen, wie wir, die Arbeit schwänzen;
Verargen uns den Champagner, die Equipage,
Bereiten uns allerorts Blamage;
Sie führen Petroleum in der Schnapsflasche,
Die Guillotine in der Westentasche;
In den Hosen Granaten, im Rocke Kanonen,
Sie wollen das Kind im Leibe nicht schonen.
Sie wollen bei uns die Kommune errichten!
Da geht ja die ganze Welt in die Fichten.
Was soll denn werden aus unsren Maitressen?
Wer soll denn die Austern und Schnepfendreck essen?

                                                               >>

---

21 Das Recht der ersten Nacht.
22 Vater, ich habe gesündigt.

Wer würde für Andre denn trinken den Wein,
Um sich zu holen das Zipperlein?
Wie könnte auf dieser erbärmlichen Erden
Die Lehre des Malthus[23] zur Wahrheit werden,
Dass für die Mastbürger, für sie nur allein,
Die Freuden der Liebe geschaffen sei'n?
D'rum, Bergmann, bedenk dich und gib endlich Frieden,
Für uns ist das Glück und für dich nur die Last,
Entbehre in Demut, was Gott dir beschieden,
Genieße in Ruhe Das, was du nicht hast!

---

23 Thomas Malthus, brit. Ökonom, entwickelte eine im 19. Jahrhundert ein-
flussreiche Theorie der Überbevölkerung.

Prolog

zur Feier des 18. März[24]

1848

Raufrost lag auf deutscher Erde,
Und auf Äst' und Zweigen lag
Dichter Reif; ein grauer Nebel
Wehrt dem jungen Frühlingstag,
Wehrt dem Freiblick in die Ferne,
Wehrt der Sonne warmem Strahl,
Lebenskeime zu befruchten;
Grau umnachtet Berg und Tal.

Doch der Lenz, der Sonne Bote,
Märzgeboren, bricht den Bann
Und zerreißt die Nebelschleier,
Die der Winter tückisch spann.
Neues Leben weckt die Sonne,
Leben sprosst aus jedem Korn;
Hoffnung, Liebe, Luft und Wonne,
Leben sprudelt jeder Born.

So auch auf dem deutschen Volke
Lag der Alb der Reaktion,
Zwängt in's Joch des Volkes Nacken
Und zermalmt, im Keime schon,
Jedes neue geistige Leben;
In der Kerker öder Nacht
Lag in Ketten und in Banden,
Wer getrotzt der Herrscher Macht.

---

24 Tag der Märzrevolution in Berlin, in der auf Barrikaden zweihundert Menschen starben („Märzgefallene")

Bis ein Völkerfrühlings-Morgen,
Geistgeboren, zog in's Land;
Wahrheit, Licht und neues Leben
Spendet seine milde Hand.
Freiheit! jubeln laut die Sänger,
Freiheit! tönt's von Ort zu Ort,
Nieder mit den feilen Schergen,
Der Tyrannen Schirm und Hort.

Schwerter blitzen aus der Scheide
Und die Kugel rollt im Lauf,
Selber schärft sich Spitz und Schneide
Und die Lanze hebt sich auf,
Und es richtet sich die Sense,
Und von selber sie sich schleift,
Weil in solchem mächt'gen Lenze.
Alles lebt und Alles reift.[25]

Und das Blut der Freiheitshelden
Düngt den Boden für die Saat,
Der die Freiheit sollt entsprießen.
Krachend wankt der alte Staat.
Doch die Erben jener Helden,
Trunken von der Freiheit Schein,
Ließen jene Saat verloddern,
Heimsten nicht die Ernte ein.

---

25 Diese Strophe sei, sagt Fr., aus einem alten Freiheits-Sang.

1871

Achtzehnhundert einundsiebzig
Wieder atmet Mannesbrust
Märzenluft, der Freiheit Odem,
Frühlingshoffen, Kampfeslust.
Märzensturm braust über Fluren,
Die empfangen blut'ge Saat,
Über Nacht stürzt er in Trümmer,
Des Cäsaren Thron und Staat.

Um der Freiheit stolzes Banner
Reiht sich jene kühne Schar,
Die gestählt der Arbeit Mühen,
Es zu schirmen vor Gefahr.
Schon erhebt ihr Haupt die Hydra,
Strecket aus die Fänge schon,
Um die Freiheit zu erwürgen
Und zu zimmern neu den Thron.

Nicht ein Fürst von Gottes Gnaden
Treibt die Henker zur Orgie –
Ordnungsschächer, Krämerseelen,
Freiheitsheuchler hetzen sie.
Rache schnaubt die Bürgerhorde,
Mordet, sengt und brennt und raubt,
Stößt den Stahl in's Herz des Kindes,
Spaltet kalt der Mutter Haupt.

Aus erschlag'nen Feinden türmen
Leichenwälle sich empor,
Fahle Lippen zuckend wimmern
Schauerlich den Sterbechor;
Purpurrot, wie ihre Fahne,
Strömt der Freiheitskämpfer Blut,
Und den Himmel rot und blutig
Färbt der Flammengarben Glut.

Und die Helden, überwunden
Von der hundertfachen Macht,
Sinken flucherfüllten Herzens
In die ew'ge Grabesnacht.
Was im Kampfe nicht gefallen,
Was dem Standrecht noch entrann,
Frisst die trock'ne Guillotine
In Cayenne[26], würgt der Bann.

Doch der Fluch im Herz der Toten
Keimt als Rachesaat empor,
Wenn ein neuer Völker-Frühling
Neues Leben lockt hervor.
Aus der Asche jener Helden
Steiget auf, dem Phönix gleich,
Dann die Freiheit, um zu festen
Ewiglich ihr herrlich Reich.

---

26 Strafkolonie in Franz. Guayana

Prolog

Dort, wo in blutigen Orgien gefeiert
Ein Karl der Neunte Margots Hochzeitsfest,
Im Jahre fünfzehnhundert zwei und siebzig,
Am Tage Sankt Bartholomäi; dort,
Wo man im Blut von dreißigtausend Ketzern
Ertränken wollt' des freien Denkens Recht;
Dort zu Paris, dem Herz der Welt, darinnen
Die Welt der Freiheit mächt'gen Pulsschlag fühlt;
Dort stand die Zwingburg einst, die hochgetürmet,
Umwallt mit Mauern, unzerstörbar schier,
Errichtet von den fränkischen Tyrannen.
Um zu verewigen die Sklaverei
Des Volkes, das sich müht, zu schaffen
Für seine Unterdrücker jeglich Gut
In Überfluss, indes es selber hungert,
Geduldig darbt und geistig auch versumpft.

Doch ob in dieser Feste Burgverließe
Jahrhunderte hindurch man eingesargt
Lebendig jene Märtyrer des Denkens,
Die sich erkühnt, zu rütteln an dem Joch
Der Sklaverei; und ob die Feuerschlünde
Von jener Feste Türmen droh'n, den Tod
Zu schleudern in des Volkes Reihen,
Wenn es sich zu befrei'n das Haupt erhebt.
Nicht kann den Freiheitsdrang sie ewig dämmen.

>>

Der Despotismus selber hat gezeugt
Den Genius der Freiheit, der die Schwingen
Entfaltet kühn, zu stürmen durch das Land,
Das Herz der Unterdrückten zu entflammen
Zu heil'gem Zorn und heldenhaftem Mut.
Wohl sucht mit List der König zu beschwicht'gen
Das endlich aus dem Schlaf erwachte Volk,
Um, wenn vertrauend es, die Wehr in Ruhe,
Erfüllung der Verheißung gläubig hofft,
Gedung'ne Söldnerhorden auf das Volk zu hetzen,
Und auszustampfen durch der Rosse Huf
Der Freiheit Geist aus den Rebellen-Schädeln.

Doch als des Königs Treubruch kündet man,
Ein Schrei der Rache wettert durch die Lüfte,
Aus dem der ganze langverhaltne Groll
Vierhundertjähr'ger Unterdrückung donnert:
„Auf, zur Bastille!" Und der Sturm hebt an,
Es tobt der Kampf, der Tod hält reiche Ernte,
Der Tyrannei Symbol die Zwingburg fällt –

Das war am Tage, heut vor hundert Jahren;
Wir feiern dankbar jene große Tat,
Und unser Dank gilt den Rebellenhelden,
Die so erkämpft der Freiheit freie Bahn.

Noch ist das letzte Bollwerk nicht gefallen,
Es zu zertrümmern, das sei unser Werk.
Und ob Millionen Trotzer es beschützen,
Die Waffe, die uns heut' steht zu Gebot,
Ist in der Menschenliebe heil'gem Feuer
Gestählt, gefeit, es ist die Wissenschaft.
Mit ihr zum Sieg! der Unverstand der Massen,
Das letzte Bollwerk jeder Tyrannei,
In Trümmer fällt's und Glück und Frieden
Und Freiheit walten in der weiten Welt.

Prolog zur Lassalle-Feier
am 31. August 1889, dem 25. Todestag

Der Jahre viele sind dahin geschwunden,
Seitdem der Geistesheros durch den Tod
Entrissen uns, zu dessen Angedenken
Versammelt wir zu würd'ger Feier sind.

Prometheus gleich, drang er in's Reich des Wissens,
Ergriff mit kühnem Sinn und fester Hand
Das heil'ge Feuer, bracht' es uns Enterbten,
Dass es erleuchte uns zu der Erlösung Werk.
Hell strahlet es zurück in weite Fernen,
Jahrtausende erschloss es unserm Blick.
Mit Blitzesschnelle scheuchte es die Nebel,
Die unser geistig Aug' bislang umflort,
So dass wir nicht das Elend zu erkennen
Vermochten, das uns aufgebürdet ist.
Und klar erschauten wir in künft'gen Zeiten
Das Reich der Liebe, das die Wissenschaft
Im Geiste für der Menschheit Glück und Frieden
Durch ihre treusten Jünger aufgebaut.
Doch was die Niedertracht nur je ersonnen
An Lug und Trug zum Untergange derer,
die sich erkühnt, den Sklaven zu verkünden,
Dass ihnen auch gebühret gleiches Recht
Am Leben und der Mutter Erde Gütern
Wie denen, die der blinde Zufall hob
Empor zu jenen glanzumstrahlten Höhen
Des Lebens, die gezimmert nur aus Raub,
Das hat die Tyrannei auf ihn geschleudert,
Bis endlich in den Tod sie ihn gehetzt.[27]

---

27 Ferdinand Lassalle starb 1864, 39jährig, bei Genf nach einem Duell in einer
   Liebessache

Sein Beispiel gab uns Mut und Kraft, zu trotzen
All' den Gefahren, die uns auf dem Weg
Zum Ziele, das er uns gesteckt, bedrohten;
Es macht uns opferfreudig für und für.
Wenn die Enterbten einst das Reich der Liebe,
Wie es die Wissenschaft im Geiste schuf,
In Wirklichkeit erbaut, zum Heile Aller,
Zunächst dem großen Toten danken sie's.

Und nun ihr Freunde, senkt das Haupt in Trauer,
In eure Herzen kehrt voll Andacht ein;
Es gilt zu feiern diesen großen Toten,
Der Unterdrückten treugesinnten Freund.
Mit jeder Faser seines edlen Herzens,
War es verknüpft mit seinem Ideal
Sein Dichten war ein Sonnenstrahl der Liebe
Zur Menschheit, die in ehr'ner Brust er trug,
Sein Trachten all' galt Recht und guter Sitte,
Sein Wirken stand in reinster Harmonie
Mit seinem Wort, mit seinem Dichten, Trachten.
Mit einem Wort: er war ganz Mensch!

Sein Angedenken lebt in unsern Herzen
Als leuchtend Beispiel, wenn es Taten gilt.
Und unseren Kindern, unsern Enkeln wollen
Wir künden, wie er lebte, stritt und litt.
Das aber sei der Dank, den wir ihm zollen,
Dass wirken wir in seinem Geiste fort.

Nachruf
Meinem lieben Freunde
H e r m a n n   D e r t e l
gewidmet.

„Ich möchte unter lieben Freunden sterben!"
Aus weiter Ferne trieb dich dieser Wunsch
Hin, nach des rauen, trüben Nordens Marken.
O Freund, wo immer Du Dein müdes Haupt,
Dein wundes Herz zur Ruhe mochtest betten,
Da warst auch unter Freunden Du.Fürwahr!
Wer Dich gekannt, und selber guten Herzens,
Der musste ja Dir, Teurer, Freund auch sein;
Denn edelsinnig war Dein ganzes Streben,
Gerechtigkeit und Liebe war dein Ziel.

Was sterblich war an Dir, jetzt liegt gebettet
In kalter Erde es zur ew'gen Ruh,
Dein treuer Sinn doch lebt in Vieler Herzen
Und wirket fort und fort noch unter uns.
Mir warst Du stets ein treuer Kampfgenosse
Und ob man mich auch schmäh'te und verstieß,
Du bliebst Dir treu, mir Freund in allen Nöten.
Das gab mir Mut in manchem harten Kampf,
Das ist mein Stolz und wird mich aufrecht halten,
Wenn neue Kämpfe beut mir das Geschick.
Ich danke Dir, Du Herz voll treuer Liebe,
Hab Dank! Hab' Dank! auch über's Grab hinaus!

Verzeichnis der Gedichte